Wolfgang Soergel

Die Jagd der Vorzeit

Wolfgang Soergel

Die Jagd der Vorzeit

ISBN/EAN: 9783955643874

Auflage: 1

Erscheinungsjahr: 2013

Erscheinungsort: Bremen, Deutschland

EHV
HISTORY

Die Jagd der Vorzeit

Von

Dr. W. Soergel

a. o. Professor an der Universität Tübingen

Mit 28 Abbildungen im Text

und 1 Tabelle

Vorwort.

Es ist in neuerer Zeit wiederholt betont worden, daß die Lösung der großen Probleme, überhaupt die entscheidende Förderung unserer Kenntnisse von der ältesten Geschichte des Menschengeschlechts nicht so sehr von der Prähistorie, als vielmehr von der Geologie und der Paläontologie zu erwarten seien. Ohne die Bedeutung der prähistorischen Wissenschaft und ihrer Methoden, soweit sie rein zur Anwendung kommen, für die Erforschung der diluvialen Menschheit verkennen zu wollen, teile ich diese Auffassung. Das gegenseitige Altersverhältnis der verschiedenen diluvialen Menschenrassen zueinander, der verschiedenen diluvialen Kulturen zueinander; die Wanderungen der alten Rassen, vor all'em die Richtung dieser Wanderungen und die daraus sich ergebenden Schlüsse über das Herkunfts- resp. Ursprungsgebiet; Art und Ausmaß der aus Benutzung ortsfremden Steinmaterials zu vermutenden Handelswege in älterer Zeit, das alles sind Fragen, die nur die Geologie zu beantworten imstande sein wird. Ausschließlich der Paläontologie fällt die Aufgabe zu, die körperlichen Eigenschaften der alten Rassen zu erforschen, die Verwandtschaftsverhältnisse festzustellen, die Stammesgeschichte des Menschengeschlechts aufzuhellen und gemeinsam mit der Geologie die Ursachen aufzuzeigen, die eine Entwicklung zum Typus Mensch bedingt, innerhalb dieses Typus die Herausbildung vieler Arten resp. Rassen veranlaßt haben. Aber auch die Frage nach der Lebensweise und Lebenshaltung, und damit letzten Endes nach der geistigen Kultur der diluvialen Menschen, die bisher so gut wie ausschließlich aus den Äußerungen ihrer Kunst in Bildern, Skulpturen, Gravierungen und Schmuckgegenständen, aus den Werkzeugen (Artefakten) und ihrer technologischen Deutung im Vergleich mit den Werkzeugen und Waffen heutiger primitiver Stämme, und zuletzt auch aus der Lagerung der gefundenen Skelette (Bestattungen) beurteilt wurde, gehört nicht ausschließlich zur Domäne der prähistorischen Wissenschaft. Sie kann hier allein keine vollständige Antwort geben. Denn die hauptsächlichste Betätigung der diluvialen Menschen, aus der vor allem Lebensweise und Lebenshaltung verständlich sind, entzieht sich einer Erforschung durch nur prähistorische Methoden: die Jagd. Entscheidend sind hier wiederum Geologie und Paläontologie, die allein uns ein Bild von der Umwelt vermitteln, in der der diluviale Mensch lebte, von der er in höherem Maße als heutige primitive Stämme abhängig war. Die Paläontologie gestattet uns vor allem aus den Küchenabfällen der diluvialen Menschen Ausmaß und Art des Eingriffs der Jäger in die tierische Umwelt und damit im Vergleich mit Jagdarten heutiger primitiver Stämme die Jagdmethoden zu beurteilen. Da die Jagd als wesentlichste Nahrungsquelle im Mittelpunkt jedweder körperlichen und geistigen Betätigung stand, so dürfen ihre Methoden, die in diesem Buche untersucht worden sind, als Gradmesser gelten für die Stellung des diluvialen Menschen innerhalb der organischen Welt, und damit als Gradmesser nicht nur seiner körperlichen, sondern auch seiner geistigen Entwicklungshöhe.

W. Soergel.

Inhalt.

I. Zur Einführung.

1. Grundlagen und Methoden zu einer kritischen Beurteilung der diluvialen Jagd; Divergenz der neueren Ansichten.

Vor fast 10 Jahren habe ich versucht[1]) das Problem der paläolithischen Jagd, das bis dahin in wissenschaftlichen Arbeiten kaum mehr als gestreift, in populären Darstellungen aber mit zu wenig Kritik und zuviel Phantasie behandelt worden war, auf einem neuen Wege einer Lösung näher zu bringen: ich bearbeitete das erhaltene Beutematerial des diluvialen Jägers, die Knochen und Gebißreste der größeren diluvialen Säugetiere aus den wichtigsten Fundstellen verschiedener Kulturperioden soweit möglich statistisch und versuchte das Zahlenmaterial nach verschiedenen Richtungen hin auszuwerten. Es leitete mich dabei der Gedanke, daß die erhaltenen Reste der einzelnen Beutetiere gestatten müßten, die Zahl der Jagdmöglichkeiten des diluvialen Jägers auf die einzelnen Tierarten außerordentlich einzuschränken, ja vielleicht jeweils eine einzige als die wahrscheinlichste oder allein mögliche zu erweisen. Das gelang für eine Anzahl von Tierarten mit Hilfe der folgenden Kriterien, deren Zusammenstellung sogleich die angewandte Methode in ihren Grundzügen erkennen läßt:

1. Die relative Häufigkeit einer Tierart in der überlieferten Gesamtbeute.
2. Das Massenverhältnis jugendlicher und alter Tiere unter den Beuteresten einer Tierart.
3. Die aus den Steingeräten (Artefakten) der Kulturstufen zu erschließende Waffenkultur der Jäger.
4. Der auf Grund der erhaltenen Tier- und Pflanzenwelt und der allgemein-geologischen Daten zu erschließende Landschaftscharakter der jeweiligen Jagdgebiete des diluvialen Menschen.

[1]) W. Soergel, Das Aussterben diluvialer Säugetiere und die Jagd des diluvialen Menschen. G. Fischer, Jena 1912.

5. Die Lebensweise jeder in der erhaltenen Jagdbeute vertretenen Tierart, ihre Wehrhaftigkeit und ihre Fluchtkraft.
6. Die speziellen Fundumstände an den einzelnen prähistorischen Stationen.
7. Die Jagdmethoden heutiger Naturvölker auf die entsprechenden Tierarten und die dazu benutzten Waffen.

Es ist einleuchtend, daß aus diesem Tatsachenkomplex viel bestimmtere Vorstellungen über die Jagd der diluvialen Vorzeit erwachsen mußten, als sie früher bei rein spekulativer Behandlung des Jagdproblems gewonnen worden waren. Die ganze Frage konnte in Tatsachen, die einer wissenschaftlichen Prüfung zugänglich waren, verankert werden.

Die Ergebnisse dieser Arbeit, die in erster Linie feststellen wollte, welchen Anteil der diluviale Mensch an dem während oder am Ausgang der Diluvialzeit erfolgten Verschwinden vieler größerer Säugetiere hatte, welches die Ursachen des Erlöschens dieser Tiere waren, haben späterhin in zwei Punkten Widerspruch erfahren. Noack[2]) wendete sich in einigen in der deutschen Jägerzeitung erschienenen Aufsätzen, die der Schilderung einer Mammut- und einer Riesenhirschjagd gewidmet sind, gegen die von mir begründete Annahme, daß die paläolithischen Jäger Elephanten und Nashörner in Fallgruben gefangen hätten, er hält eine direkte Angriffsjagd für wahrscheinlicher. Profé gab im Mannus[3]) einen Überblick über die Jagd der Vorzeit, wobei die Jagd der Paläolithiker in Anlehnung an meine Arbeit in gleichem Sinne besprochen wird, abgesehen von den Elephanten und Nashörnern, für die auch dieser Autor Fallgrubenfang für nicht möglich, ja eine planmäßige Jagd überhaupt für unwahrscheinlich hält. Ganz allgemein läßt sich der Unterschied in der Auffassung der paläolithischen Jagd auf Elephant und Nashorn, wie er in den drei genannten Arbeiten zum Ausdruck kommt, dahin zusammenfassen, daß Noack die Jagdmöglichkeiten der Paläolithiker günstiger, Profé ungünstiger beurteilt als ich. Eine solche Divergenz der Ansichten darf nun keineswegs als Beweis gelten dafür, daß unser Thema für eine wissenschaftliche Behandlung überhaupt noch nicht reif sei, daß heute noch die nötigen

---

[2]) Th. Noack, Die Jagd im Wandel der Zeiten. Deutsche Jägerzeitung, Bd. 62, 1913, Nr. 1; Bd. 63, 1914, Nr. 29 und 25.

[3]) O. Profé, Vorgeschichtliche Jagd. Mannus, Zeitschr. f. Vorgeschichte Bd. 6, Heft 1 und 2, 1914.

Grundlagen für eine Erörterung dieser Fragen fehlten und sehr verschiedene, ja konträre Ansichten gleichermaßen begründet werden könnten. Die Frage: Wie haben die Menschen der verschiedenen paläolithischen Kulturstufen die großen Säuger der Diluvialzeit erlegt, gestattet für eine Anzahl von Arten heute schon eine Beantwortung, die nicht mehr in den Bereich des rein hypothetischen fällt. Die Verschiedenheit der veröffentlichten Ansichten rührt vielmehr her von der Ungleichwertigkeit des jeweils von den verschiedenen Autoren herangezogenen Tatsachenmaterials. Bei einem so komplexen Problem, wie es die paläolithische Jagd darstellt, ist eine befriedigende Lösung natürlich nur zu gewinnen, wenn die einschlägigen Tatsachen aller Wissensgebiete, die zur Frage in irgendeiner Beziehung stehen — und das sind besonders Geologie, Paläontologie, Anatomie, Zoologie, Biologie, Prähistorie und Ethnologie —, in hinreichendem Maße Berücksichtigung finden. Eine starke Vernachlässigung nur eines Tatsachenkomplexes muß die Lösung in eine falsche Richtung abdrängen.

Die Schwierigkeiten, die durch die vielerlei einspielenden Wissensgebiete der Behandlung der Frage durch einen Autor erwachsen, darf nicht abhalten, eine Lösung zu versuchen; sie führt schon heute, wie ich glaube in späteren Abschnitten zeigen zu können, teilweise zu eindeutigen Ergebnissen. Gerade die Kenntnis der paläolithischen Jagd, ihrer Methoden und ihrer Erfolge, ist von größter Bedeutung für die Einschätzung der paläolithischen Gesamtkultur, für die Beurteilung der Entwicklung, die seit frühesten Zeiten die materielle und in engster Wechselbeziehung zu ihr die geistige Kultur genommen hat. Der diluviale Mensch war in allererster Linie Jäger; kennen wir seine Jagd, so kennen wir seine vornehmste und alles andere überragende Betätigung, in der sein Wollen und Können zum Ausdruck kam, aus der sein Denken und Fühlen Richtung und mannigfache Anregung gewann. Die Jagd ist gewissermaßen der Brennpunkt seiner Existenz. Von ihm aus wird es gelingen, seine Lebensweise und Lebenshaltung, die Grundzüge seiner sozialen Verhältnisse, seine geistige Kultur und vielerlei „ethnographische" Fragen mehr und mehr aufzuhellen.

2. Die Gliederung des Eiszeitalters nach Klimaperioden, Gesteinen, Faunen, Menschenarten und Kulturen.

Die folgenden Abschnitte führen uns in eine Periode der Erdgeschichte, an deren Erforschung sehr verschiedene Wissenschaften beteiligt sind. Ihre Ergebnisse, insbesondere die Feststellungen über die Abfolge der Klimate, die Abfolge im Auftreten der verschiedenen Tierarten und Pflanzengemeinschaften, der verschiedenen Menschenrassen und der menschlichen Kulturen bilden vielfach die Grundlage, wenigstens den Rahmen unserer Untersuchung. Einige Kenntnis von diesen „historischen“ Tatsachen ist deshalb notwendig zum Verständnis der späteren Ausführungen, in denen die nicht allgemein bekannten Fachausdrücke nicht immer vermieden werden konnten. Die Schwierigkeiten, die daraus demjenigen erwachsen, der dem ganzen Forschungsgebiet ferner steht, sollen behoben oder doch gemildert werden durch die unten folgende Tabelle, in der die Gliederung des Eiszeitalters nach den einzelnen geologischen Perioden, den Klimaten, den jeweiligen Gesteinsbildungen, den charakteristischen Tierarten, den jeweils bei uns verbreiteten Menschenrassen und Kulturen eine kurze Darstellung erfahren hat.

Dem wiederholten Wechsel von Eisvorstößen oder Eiszeiten und eisfreien Perioden oder Zwischeneiszeiten entspricht der Wechsel von kalten und von gemäßigten Klimaperioden. Beide finden ihren geologischen Ausdruck in der ganz verschiedenen Gesteinsbildung: Geschiebemergel als die vom Eis verfrachteten und beim Abschmelzen abgelagerten Schuttmassen, Löß als vom Wind verfrachtetes und aufgehäuftes Feinmaterial, Kies und Schotter als von Flüssen gerollter und abgelagerter, unter starker mechanischer Verwitterung entstandener oder von Gletschern zugeführter Gesteinsschutt wurden in den Eiszeiten gebildet; Kalktuffe, Tone, Torflager, lokal beschränkte Sand- und Kiesablagerungen der Flüsse wurden in den durch einen geregelten und reichen Wasserhaushalt ausgezeichneten Zwischeneiszeiten gebildet, in denen gleichzeitig unter dem Einfluß eines humiden Klimas die eiszeitlichen Gesteine durch lösende und zersetzende Wirkung der einsickernden Regenwässer oft bis in beträchtliche Tiefe verändert wurden, verwitterten.

Im gleichen Rhythmus lösen sich zu wiederholten Malen in weiten Gebieten Europas die Pflanzengemeinschaften ab, die der Landschaft letzten Endes das Gepräge geben, und die Tiergesellschaften: es wechseln Tiere und Pflanzen eines trockenen, kalten mit solchen eines gemäßigten Klimas, es wechseln Zeiten, in denen Steppen, mit solchen, in denen Waldlandschaften die größte Verbreitung besaßen.

Dieser Wechsel, sowohl der der Gesteinsbildung als der der Verteilung der Lebewesen betraf naturgemäß am stärksten diejenigen Gebiete, die zeitweise vom Eise bedeckt waren, wie beispielsweise große Teile Norddeutschlands oder das nördliche Alpenvorland, oder die dem zeitweilig vereisten Gebiet nicht zu fern lagen, wie beispielsweise die stets eisfrei gebliebenen Gebiete Mittel- und Süddeutschlands zwischen dem nordischen und dem alpinen Vereisungsgebiet. In Gebieten, die den jeweils vereisten Zonen ferner lagen, wie beispielsweise große Teile Westeuropas, ist die klimatische Einwirkung einer Vereisung und ihre Folgen für Ab- und Zuwanderungen innerhalb der Tier- und Pflanzenwelt, für die Verschiebung der Verbreitungsgebiete „kalter“ und „gemäßigter“ Lebewesen natürlich schwächer gewesen. Die Übersicht unserer Tabelle über den Wechsel der Klimate, der Landschaften, der Tier- und Pflanzenwelt ist deshalb als Schema zu bewerten, das, jedenfalls für die Eiszeiten, keinen unbeschränkten Geltungsbereich in Europa besitzt und im wesentlichen nur für Mitteleuropa zutrifft.

Die Abfolge der verschiedenen diluvialen Menschenrassen läßt keine engen Beziehungen zu dem Klimawechsel derart erkennen, wie er für die Abfolge der Tier- und Pflanzengesellschaften deutlich ist. Wie die der meisten Raubtiere war die Lebensmöglichkeit des menschlichen Jägers nicht an ein bestimmtes Klima gebunden. Engste Beziehungen zeigen sich aber zwischen den einzelnen Menschenrassen und den einzelnen Kulturen: bestimmte Rassen erscheinen als Träger bestimmter Kulturen. Diese eiszeitlichen Kulturen, die man unter dem Begriff der älteren Steinzeit oder des Paläolithikum zusammenfaßt, lassen sich auf zwei große Gruppen verteilen: Das Altpaläolithikum mit den Kulturen des Chelléen, Acheuléen und Moustérien, in denen nur Stein, meist Feuerstein zu Werkzeugen, Artefakten geschlagen wurde; und das Jungpaläolithikum mit den Kulturen des Aurignacien, Solutréen, Magdalénien und Azilien, in denen außer Stein auch Knochen und Geweih vielfach Verwendung fanden. Beiden Kulturgruppen war im Gegensatz zur jüngeren Steinzeit, dem Neolithikum, das Schleifen der Steine und die Töpferei unbekannt.

Zu der Gliederungstabelle ist noch besonders zu bemerken, daß die für die Mindeleiszeit und vor allem die Günz-Mindel-Zwischeneiszeit angegebenen Säugerbestände, wenigstens bezüglich einer Anzahl wichtiger Arten, noch nicht als hinreichend gesichert gelten können, da für diese Perioden die zeitliche Einordnung einiger wichtiger Fundstellen noch nicht zweifelsfrei feststeht. Als sicher kann gelten, daß die Kiese von S ü ß e n b o r n bei Weimar der bisher

Die Gliederung des Eiszeitalters nach geologischen Perioden,

(Die relative zeitliche Dauer der einzelnen Perioden ist in der Höhe der einzelnen Rubriken nicht z
Spannw

Die geologischen Perioden. Norddeutschland.	Alpen.	Das Klima und der vorherrschende Landschaftscharakter der jeweils nicht vereisten Gebiete Mitteleuropas.	Die jeweils gebildeten Gesteine und die jeweils vorherrschende Art der Gesteinsverwitterung.
Geologische Gegenwart.		Gemäßigtes Klima. Weite Ausdehnung der Waldgebiete, in historischer Zeit eingeengt durch Ausbreitung der menschlichen Kultursteppe.	Kalktuff; Ton; Torf; Sand und Kies vorwiegend als Umlagerungsprodukte älterer Sande und Kiese. Chemische Verwitterung.
Postglazialzeit.		Durch Klimaschwankungen charakterisierte Übergangsperiode zum gemäßigten Klima. Allgemein Vordringen der Waldgebiete.	Kalktuff; Ton; Torf; Sand und Kies vorwiegend als Umlagerungsprodukte älterer Sande und Kiese. Vorwiegend chemische Verwitterung.
3. oder Baltischer Vorstoß der Eismassen der III. Eiszeit.	Bühlvorstoß.	Kontinentales bis kaltes Klima. Kalte Steppen in mäßiger Ausdehnung. In Mittel- und Südwestdeutschland offene Waldgebiete, lokal Wald.	Geschiebemergel; Jüngster Löß, Sand, Kies, Schotter. Vorwiegend mechanische Verwitterung.
Rückzugsschwankung.	Achenschwankung.	Gemäßigtes kontinentales bis gemäßigtes Klima. Waldgebiete verbreitet und im Vordringen.	Ton; lokal Sand und Kies; Torf; Schieferkohlen. Vorwiegend chemische Verwitterung.
2. Hauptvorstoß der Eismassen der III. Eiszeit.	2. Phase der Würmeiszeit (= Pencks Würmeiszeit.)	Kaltes trockenes Klima. Weite Ausdehnung der kalten Steppe; näher dem vereisten Gebiet Tundra.	Geschiebemergel; Jüngerer Löß II; Kies und Schotter der Niederterrasse. Mechanische Verwitterung.
Große Rückzugsschwankung.	Große Rückzugsschwankung.	Ziemlich gemäßigtes Klima; Weideland und offener Wald besitzen größere Ausdehnung; lokal Wald.	Kalktuff (z. T. unrein); Ton; Torf; Schieferkohlen; Sand und Kies. Chemische Verwitterung.
1. Hauptvorstoß der Eismassen der III. Eiszeit.	1. Phase der Würmeiszeit (= Größte Vergletscherung der Schweiz.)	Kaltes trockenes Klima. Weite Ausdehnung der kalten Steppe; näher dem vereisten Gebiet Tundra.	Geschiebemergel; Jüngerer Löß I; Kies und Schotter der Mittelterrasse. Mechanische Verwitterung.
II. Zwischeneiszeit.	Riß-Würm-Zwischeneiszeit.	Gemäßigtes Klima, etwas milder als heute; Waldgebiete in großer Ausdehnung.	Kalktuff; Ton; Torf; Schieferkohlen; lokal Sand und Kies. Chemische Verwitterung.
II. Eiszeit.	Rißeiszeit.	Kaltes trockenes Klima; weite Ausdehnung der kalten Steppe, näher dem vereisten Gebiet Tundra.	Geschiebemergel; Älterer Löß (II. Gruppe); Kies und Schotter der Hochterrassen. Mechanische Verwitterung.
I. Zwischeneiszeit.	Mindel-Riß-Zwischeneiszeit.	Gemäßigtes Klima, wahrscheinlich milder als heute; Waldlandschaften.	Kalktuff; Ton; Torf; lokal Sand und Kies. Chemische Verwitterung.
I. Eiszeit.	Mindeleiszeit.	Kaltes trockenes Klima; kalte Steppen in weiter Ausdehnung; näher dem vereisten Gebiet Tundra.	Geschiebemergel; Älterer Löß (I. Gruppe). Kies und Schotter der jüngeren Deckenschotter im Alpenvorland, der unteren präglazialen Terrasse in Mitteldeutschland. Mechanische Verwitterung.
Vorläufig noch zur Präglazialzeit gezogen, aber in Thüringen Beweise für eine der im Alpengebiet entsprechenden Gliederung vorhanden.	Günz-Mindel-Zwischeneiszeit.	Gemäßigtes Klima, wahrscheinlich milder als heute. Waldlandschaften.	Ton; lokal Sand und Kies; wahrscheinlich auch Torf und Kalktuff. Chemische Verwitterung.
	Günzeiszeit.	Kaltes, trockenes Klima. Kalte Steppen verbreitet, näher dem vereisten Gebiet Tundra.	Geschiebemergel; Ältester Löß (im Alpenvorland); Kies und Schotter der älteren Deckenschotter im Alpenvorland, der oberen präglazialen Terrasse in Mitteldeutschland. Mechanische Verwitterung.
Präglazialzeit		Gemäßigtes Klima, wohl kontinentaler als heute. Offener Wald und Weideland.	Tone, Sand und Kies.

Klimaten, Gesteinsbildungen, Säugetierbeständen, Menschenrassen und Kulturen.

ım Ausdruck gebracht worden, ebensowenig die relative zeitliche Dauer der einzelnen Menschenrassen und Kulturen in der site der einzelnen Klammern.)

Charakteristische Säugetiere. (Es handelt sich um eine Auswahl der wirklich gefundenen Arten; es wurden dabei bevorzugt: 1. Arten der Großtierwelt, 2. Arten von ausgeprägter klimatischer Anpassung.)	Die Menschenrassen.	Die Kulturen.	
Waldfauna Germaniens zu Tacitus Zeit (in historischer Zeit in weiten Gebieten ausgerottet): Wisent (Bison europaeus), Auerochse (Bos primigenius), Elch (Alces palmatus), Edelhirsch (Cervus elaphus), Reh (Cervus capreolus), Biber (Castor fiber), Brauner Bär (Ursus arctos), Wolf (Canis lupus), Fuchs (Canis vulpes), Luchs (Felis lynx), Dachs (Meles taxus).			
Wisent (Bison sp.), Auerochse (Bos primigenius), Elch (Alces palmatus), Edelhirsch (Cervus elaphus), Reh (Cervus capreolus), Biber (Castor fiber), Brauner Bär (Ursus arctos), Wolf (Canis lupus), dazu seltener bis sehr selten: Rentier (Rangifer tarandus), Riesenhirsch (Cervus euryceros), Löwe (Felis spelaea).	**Furfooz-Rasse** (Rundschädel ohne besondere primitive Merkmale).	Azilien	
Wildpferd (Equus Przewalskii), Wisent (Bison priscus), Rentier (Rangifer tarandus), Schneehase (Lepus variabilis), Zwergpfeifhase (Lagomys pusillus), Halsbandlemming (Myodes torquatus), Brauner Bär (Ursus arctos), Wolf (Canis lupus), Eisfuchs (Canis lagopus).	**Rasse von Cro-Magnon** (hochwüchsig, von massigem Knochenbau; Langschädel mit relativ niedrigem Gesicht, breit ausladenden Jochbogen und hoch gewölbter Stirn. Kinnvorsprung vorhanden).		
Mammut (Elephas primigenius), Wildpferd (Equus Przewalskii), Wisent (Bison priscus), Reh (Cervus capreolus), Rentier (Rangifer tarandus), Wildschwein (Sus scrofa ferus), Biber (Castor fiber), Hase (Lepus timidus), Brauner Bär (Ursus arctos), Wolf (Canis lupus), Fuchs (Canis vulpes), Eisfuchs (Canis lagopus), Luchs (Felis lynx), Vielfraß (Gulo borealis).		Magdalénien	
Mammut (Elephas primigenius), wollhaariges Nashorn (Rhinoceros antiquitatis). Wildpferde (Equus germanicus und Przewalskii), Wisent (Bison priscus), Auerochse (Bos primigenius), Moschusochse (Ovibos moschatus), Elch (Alces palmatus), Riesenhirsch (Cervus euryceros), Rentier (Rangifer tarandus), Zwergpfeifhase (Lagomys pusillus), rötlicher Ziesel (Spermophilus rufescens), Halsband- und Oblemming (Myodes torquatus und obensis). Bär (Ursus sp.), Vielfraß (Gulo borealis).		Solutréen	Jung-Palaeolithicum
Mammut (Elephas primigenius). Nashorn (Rhinoceros Merkii sp.), wollhaariges Nashorn (Rhinoceros antiquitatis), Wildpferd (Equus germanicus), Wildesel (Equus hemionus), Edelhirsch (Cervus elaphus), östliches Reh (Cervus cf. pygargus), Rentier (Rangifer tarandus), Siebenschläfer (Myoxus glis), Brauner Bär (Ursus arctos), Höhlenbär (Ursus spelaeus), Wolf (Canis lupus), sibirischer Steppeniltis (Foetorius Eversmanni).	**Aurignac-Rasse** (kleinwüchsig, grazil gebaut; Langschädel mit starken aber nicht verschmolzenen Augenbrauenbögen; gut gewölbte Calotte; Kinnvorsprung teils deutlich).	Aurignacien	
Mammut (Elephas primigenius), wollhaariges Nashorn (Rhinoceros antiquitatis), Wildpferde (Equus germanicus und Przewalskii), Wildesel (Equus hemionus), Wisent (Bison priscus), Moschusochse (Ovibos moschatus), Riesenhirsch (Cervus euryceros), Rentier (Rangifer tarandus), Zwergpfeifhase (Lagomys pusillus), rötlicher Ziesel (Spermophilus rufescens), Halsband- und Oblemming (Myodes torquatus und obensis), Höhlenbär (Ursus spelaeus), Eisfuchs (Canis lagopus), sibirischer Steppeniltis (Foetorius Eversmanni).		Moustérien	
Waldelephant (Elephas antiquus), Merksches Nashorn (Rhinoceros Merkii), Wildpferd (Equus Abeli), Wisent (Bison priscus), Auerochse (Bos primigenius), Elch (Alces cf. palmatus), Riesenhirsch (Cervus euryceros), Edelhirsch (Cervus elaphus), Reh (Cervus capreolus), Damhirsch (Cervus dama), Wildschwein (Sus scrofa ferus), Biber (Castor fiber), Siebenschläfer (Myoxus glis), Brauner Bär (Ursus arctos), Höhlenbär (Ursus spelaeus), Löwe (Felis spelaea), Panter (Felis pardus sp.), Luchs (Felis lynx), Wildkatze (Felis catus ferus), Wolf (Canis lupus).	**Neandertalmensch** (kleinwüchsig, von plumpem Knochenbau; Beine relativ kurz; mächtiger Langschädel mit flach gewölbter Calotte; große runde Augenhöhlen von mächtigen Augenbrauenwülsten überdacht, von denen Stirn durch Furche abgesetzt; Kinnvorsprung fehlt, schnauzenartige Mundpartie).		
Mammut (Elephas primigenius), wollhaariges Nashorn (Rhinoceros antiquitatis), Wildpferd (Equus germanicus), Wisent (Bison priscus), Moschusochse (Ovibos moschatus), Steinbock (Capra ibex), Riesenhirsch (Cervus euryceros), Rentier (Rangifer tarandus), Murmeltier (Arctomys marmotta), Höhlenbär (Ursus spelaeus)?		Acheuléen	Alt-Palaeolithicum
Waldelephant (Elephas antiquus), Merksches Nashorn (Rhinoceros Merkii), Wisent (Bison priscus), Riesenhirsch (Cervus euryceros), Edelhirsch (Cervus elaphus), Bär (Ursus spelaeus?), Löwe (Felis leo fossilis); nur im Westen: Flußpferd (Hippopotamus major).		Chelléen	
Mammutvorfahr (Elephas trogontherii), etrurisches Nashorn (Rhinoceros etruscus), Zebra (Equus Süßenbornensis), Wildpferde (Equus germanicus praecursor und mosbachensis), Wisent (Bison priscus), Moschusochse (Praeovibos priscus), Riesenhirschvorfahr (Cervus ex aff. verticornis), Edelhirsch (Cervus elaphus), Großes Reh (Cervus capreolus sp.), Elch (Alces latifrons), Rentier (Rangifer tarandus), Ziesel (Spermophilus sp.), Höhlenbärvorfahr (Ursus Deningeri), Vielfraß (Gulo borealis).			
Waldelephant (Elephas antiquus), etrurisches Nashorn (Rhinoceros etruscus), primitives Merksches Nashorn (Rhinoceros Merkii), Wildpferd (Equus mosbachensis), Wisent (Bison priscus), Elch (Alces cf. latifrons), Edelhirsch (Cervus elaphus), Reh (Cervus capreolus), Wildschwein (Sus scrofa priscus), Biber (Castor fiber), Höhlenbärvorfahr (Ursus Deningeri), kleiner Bär (Ursus arvernensis), Löwe (Felis leo fossilis), Panther (Felis pardus sp.), Streifenhyäne (Hyaena mosbachensis).	**Homo Heidelbergensis** (nur Unterkiefer bekannt von plumpem, massigem Bau mit stark anthropoiden Zügen).		
Südelephant (Elephas meridionalis) und Übergangsform zum Mammutvorfahr (El. meridionalis trogontherii), etrurisches Nashorn (Rhinoceros etruscus), Zebra (Equus ex aff. Stenonis), Wisent (Bison priscus), Riesenhirschvorfahr (Cervus verticornis).			
Südelephant (Elephas meridionalis), etrurisches Nashorn (Rhinoceros etruscus), Zebra (Equus cf. Stenonis), Wisent (Bison cf. priscus), Elch (Alces cf. latifrons), Riesenhirschvorfahr (Cervus verticornis), Großer Edelhirsch (Cervus ex. aff. elaphus), Flußpferd (Hippopotamus major), Großer Biber (Trogontherium Cuvieri).			

als I. angesehenen norddeutschen Eiszeit (= Mindeleiszeit des Alpengebietes) angehören. Ob die Kiese von Mauer zum wesentlichen Teil, wie hier angenommen wurde, etwas älter, zum Teil gleichaltrig sind, oder ob sie als jünger betrachtet werden müssen, kann hier im einzelnen nicht erörtert werden. Auf keinen Fall aber können die Kiese von Mauer in die der II. norddeutschen oder Rißeiszeit voraufgehende Zwischeneiszeit gestellt werden; stets bleibt deshalb die zeitliche Stellung des Homo Heidelbergensis weit vor dem Chelléen.

II. Die Waffen der diluvialen Jäger.

Art und Erfolg der Jagd des diluvialen Menschen waren in erster Linie abhängig von den Waffen, über die er verfügte. Wollen wir uns von dieser Jagd ein Bild machen, so ist es also vor allen Dingen nötig, auf Grund der erhaltenen Stein- und Knochenwerkzeuge und unter Zuhilfenahme ethnographischer Tatsachen und Forschungsergebnisse, eine möglichst gesicherte Vorstellung von der Art und Stärke der Waffen zu erlangen. Das kann auf diesem Wege zunächst nur in den großen Zügen geschehen; inwieweit die vom technologischen Standpunkt aus als möglich erkannten Waffen auch wirklich vorhanden waren, inwieweit es sich in den einzelnen Typen um ganz rohe, in ihrer Fernwirkung beschränkte oder feiner gearbeitete und wirksamere Waffen handelte, das werden im einzelnen erst die in späteren Abschnitten durchgeführten Untersuchungen über die Jagdmethode auf die verschiedenen Tiere entscheiden können. Dieser Abschnitt gilt nur der Fügung eines allgemeinen Rahmens, und wir werden hier vor allem zu prüfen haben, welche Bewaffnung den Menschen der altpaläolithischen Zeit, in der weder Knochen noch Horn (Geweih) verarbeitet wurden, möglich gewesen sein kann. Für das Jungpaläolithikum sind die gefundenen Stein- und Knochenartefakte nach der Seite ihrer praktischen Verwertung meist so eindeutig, beweist die subtile Bearbeitung von Speer- und Pfeilspitzen eine so hohe Waffenkultur, daß unschwer ein hinreichendes Bild von der Wehrkraft dieser Jäger gewonnen werden kann. Eine ganz gesonderte Behandlung beider Hauptstufen des Paläolithikum hat sich aber nicht streng durchführen lassen; viele negative Momente gegenüber heutigen primitiven Stämmen sind beiden gemeinsam, wiederholt gibt uns die jüngere Stufe bestimmte Anhaltspunkte zur Beurteilung der älteren, so daß die bei einer streng getrennten Behandlung sich bietenden Vorteile durch den Nachteil häufiger Wiederholungen aufgehoben würden.

Lange Zeit und gelegentlich wohl auch bis zum heutigen Tage wurde der Standpunkt vertreten, daß den Menschen der altpaläolithischen Zeit nur Waffen rohester Art zu Gebote gestanden hätten. Man dachte an einfache Holzspeere, die vorn mit den geschlagenen Steinen dieser Periode bewehrt waren, und glaubte, daß mit solchen Speeren der Mensch die großen Säugetiere der Diluvialzeit, auch Elephanten und Nashörner angegriffen und erlegt habe. Wie Versuche gelehrt haben, die nach L. Pfeiffer auch Profé angestellt hat, ist die „Durchschlagskraft“ solcher rohen Wurfwaffen auf elastische, mit dichtem Haar bedeckte Häute, auch bei straffer Fleischunterlage, eine sehr geringe, die nicht genügt haben kann, dem vielfach sehr wehrkräftigen, zum mindesten fluchtkräftigen Beutetier nennenswerte Wunden beizubringen. Profé, l. c., Anm. 3, sagt darüber: „Untersucht man unter voller Würdigung der angedeuteten anatomischen Verhältnisse die für das Eolithikum, das Chelléen, Acheuléen und Moustérien charakteristischen Werkzeugtypen auf ihre Wirkungsweise und Kraft, so gelangt man zu der unabweisbaren Überzeugung, daß sie als Angriffswaffen auf die großen Säugetiere der älteren Steinzeit nicht gedient haben können. Die harmlosen Eolithen, die kräftigen, aber meist stumpfen Chelleskeile können aus den eben angeführten Gründen als Stich- oder Hiebwaffen gegen die großen Raubtiere, den Elephanten, das Mammut, den Urstier, allgemein nicht gedient haben; den leichteren Wildarten gegenüber können sie trotz deren Flüchtigkeit allgemein schon eher in Betracht kommen.

Die Frage, ob die Moustérien-Geräte als Lanzen oder Spieße auf mittelgroße Säugetiere gebraucht werden konnten, habe ich durch eigene Versuche zu lösen mich bemüht. Die Beschaffenheit der aus der Grotte von Placard stammenden Moustérien-Geräte ließ von vornherein eine erhebliche Spitzenwirkung bei Stich und Stoß nicht erwarten. In der Tat gelang es nicht, mit der Spitze des an einem Holzschaft befestigten Schabers die Weichen eines frisch getöteten kräftigen Kalbes zu durchstoßen. Nur an mit Muskeln unterlegten Stellen der Hinterschenkel vermochte der Silexspeer eben die Haut zu durchdringen. Dagegen war die Schnittwirkung der Werkzeuge beim Abhäuten und Zerlegen eine ganz erstaunliche. Die Durchtrennung selbst strafferen Unterhautgewebes, der starken Sehnenbänder an den Gelenken, der Muskulatur gelang mühelos in kurzer Zeit.“

Dieser experimentelle Befund ist der Auffassung altpaläolithischer Artefakte als Speerspitzen sehr ungünstig. Der Hinweis auf das Vorkommen ähnlich einfacher Speere bei den Eingeborenen der Admiralitätsinseln, wo dem Holzschaft vorn bis über handlange und fast handbreite, meist dreikantige Spitzen aus Obsidian aufgesetzt sind (siehe Abb. 1), kann eine solche Jagdbewaffnung für den altpaläolithischen Menschen nicht wahrscheinlicher machen. Über die Verwendung dieser Speere bei den Admiralitätsinsulanern sind wir nicht genauer unterrichtet. Es ist aber sehr bemerkenswert, daß es dort an größeren Beutetieren, für die eine solche Waffe erforderlich sein könnte, nur zwei, ein Känguruh und ein Wildschwein gibt; wenn es sich nicht um eine Kriegswaffe handelt, so wird am ehesten an eine Prunkwaffe zu denken sein. Sicher ist bei der weit nach vorn verschobenen Lage des Schwerpunktes, daß die Wurfweite solcher Speere auch in geübter Hand nur eine relativ beschränkte sein kann, und daß sie deshalb für die Jagd im allgemeinen nicht zweckmäßig sind. Das würde in viel höherem Maße gelten für Speere, die mit den Faustkeilen der Stufen von Chelles und von St. Acheul bewehrt waren, denn erstens ist Feuerstein bedeutend schwerer als Obsidian, bewirkt also eine viel beträchtlichere Beschwerung des Kopfendes und damit wesentlich kürzere Wurfweite des Speeres, und zweitens haben diese Faustkeile (siehe Abb. 2) im Gegensatz zu den Obsidianspitzen weder eine hin-

Fig. 1. Speerspitzen aus Obsidian von den Admiralitätsinseln. $^1/_3$ n. Gr. Originale im Städt. Museum zu Weimar.

reichend scharfe Spitze, noch scharfe, schneidige Kanten. Tauglicher als Speerspitzen könnten die meist grazileren, in eine längere Spitze ausgezogenen Faustkeile der Stufe von La Micoque erscheinen (siehe Abb. 3). Aber auch sie sind, obgleich vielfach flacher gearbeitet, nicht schneidig genug an den Kanten und können ihrer ganzen Form nach ebenfalls nur eine Keilwirkung, nicht die kombinierte Stich- und Schneidewirkung gehabt haben, die wir von einer zweckmäßigen Speerspitze erwarten. Nur eine relativ geringe Anzahl von dünnen, fein gearbeiteten Faustkeilen der Stufen von St. Acheul und La Micoque könnten als Bewehrung von Wurfwaffen gedeutet werden. Aber auch sie würden die Spitze eines Speeres noch erheblich belasten und damit die Wurfweite der Waffe stark beschränken. Für Jagdwaffen erscheinen deshalb auch derartig bewehrte Speere, ganz abgesehen davon, ob der Altpaläolithiker eine nicht zu plumpe Befestigungsart kannte, nicht

Fig. 2. Faustkeile des Chelléen (unterste Reihe und mittlere Reihe Mitte) und des Acheuléen (oberste Reihe und mittlere Reihe rechts und links) von St. Acheul. ca. $^1/_3$ n. Gr. Originale im Städt. Museum zu Weimar.

sonderlich geeignet, zumal bei der größeren Zerbrechlichkeit des fein gearbeiteten Spitzenteils jeder der gewiß auch damals nicht seltenen Fehlschüsse eine starke Verletzung oder Zerstörung der

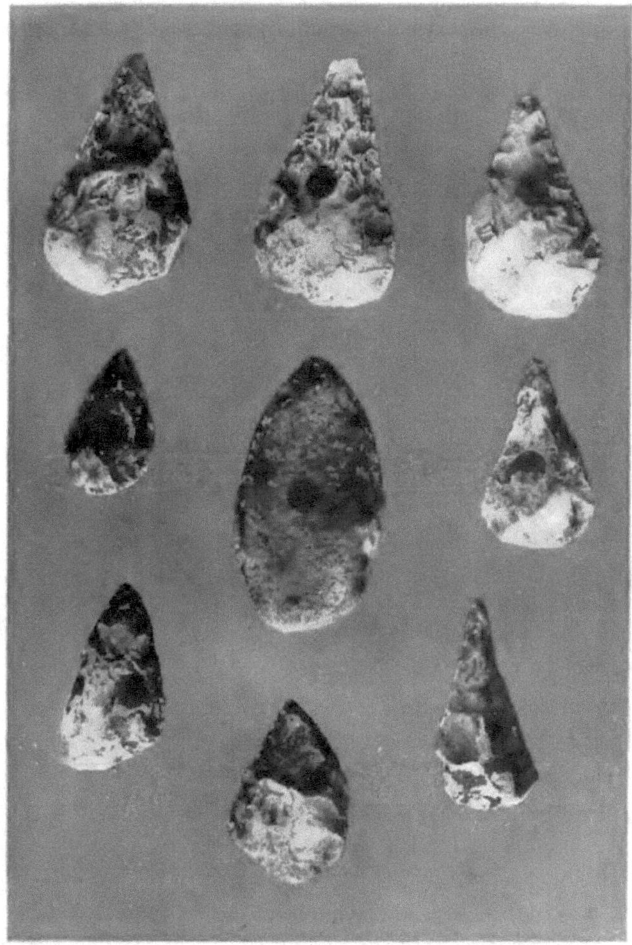

Fig. 3. Faustkeile und Handspitzen von La Micoque ca. $^{2}/_{5}$ n. Gr. Originale im Städt. Museum zu Weimar. (Die kreisrunden dunklen Stellen bezeichnen aufgeklebte Museumsetiketten.)

Waffe zur Folge haben mußte. Eher ist für die feineren Faustkeile an eine Verwendung zu Stoßwaffen, die auch jagdlichen Zwecken dienen konnten oder zu Kriegswaffen, zu denken. Mit einem Unterschied in der Verwendung der einzelnen Waffen ist ja überhaupt zu rechnen. Wir wissen von Krapina und auch von Ehringsdorf, daß die Träger der Moustérienkultur Kannibalen gewesen sind. Allein schon diese Tatsache läßt gelegentliche Kämpfe einzelner Horden voraussetzen. Und für solche Kämpfe konnten sich Waffen, die für Jagdzwecke nicht vollwertig waren, als sehr brauchbar erweisen. Denn Krieger zu Krieger stehen ganz anders zueinander als Jäger zu Jagdtier. Im letzten Fall ist es neben

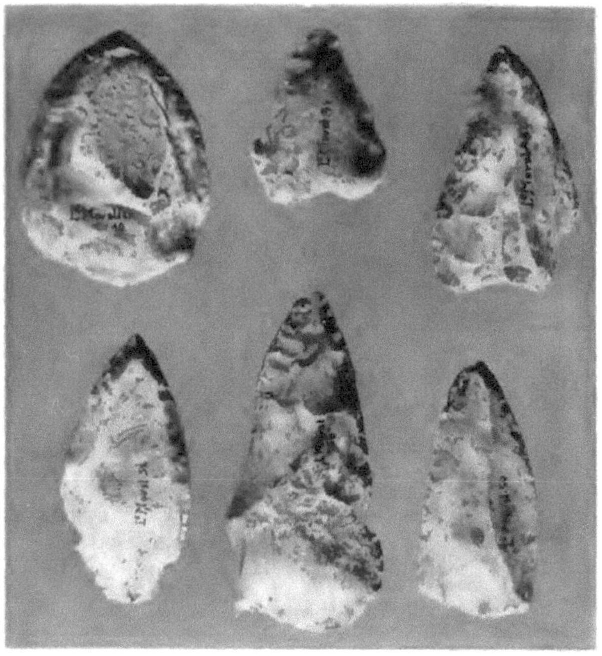

Fig. 4. Handspitzen des Moustérien, Le Moustier. ca. $^2/_5$ n. Gr. Originale im Städt. Museum zu Weimar.

einer direkten vor allem auch eine indirekte Abwehr, wie sie im Vorhandensein eines Fells und einer Fettschicht und in der Fluchtkraft des tierischen Gegners besteht, die der Jäger durch seinen Angriff resp. Überfall zu überwinden trachtet. Im ersten Fall wird dagegen der Angriff vielfach von beiden Seiten zugleich geführt. Waffen von kurzer Wurfweite und Stoßwaffen können ausschlaggebende Bedeutung erlangen. Hier könnten die feineren Faustkeiltypen eine viel zweckmäßigere Verwendung gefunden haben als zur Bewehrung von Jagdwaffen. Ich persönlich neige dazu, auch in den sehr gut gearbeiteten Stücken nur Handwerkszeug zu sehen, daß zur Bearbeitung von Holz, zum Zerlegen der Jagdtiere usw gebraucht wurde.

Und dasselbe gilt schließlich für dasjenige Artefakt des Altpaläolithikums, das vor allem zu einer Deutung als Speerspitze ver-

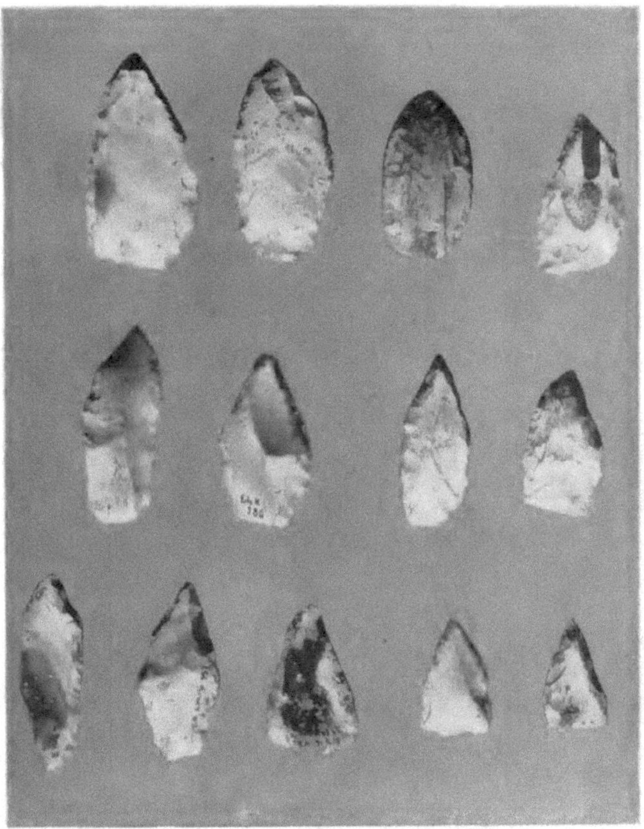

Fig. 5. Handspitzen der altpaläolithischen (Moustérien-) Kultur von Ehringsdorf, aus der Homofundschicht von Bruch Kämpfe in Ehringsdorf. ca. $^5/_{11}$ n. Gr. Originale im Städt. Museum zu Weimar ausgestellt.

leiten könnte: die Moustierspitze in ihren verschiedenen Formen (s. Abb. 4, 5, 6), die schon selten im älteren, häufiger im jüngeren Acheuléen und der Stufe von La Micoque gefunden wird (vergl. Abb. 3, mittleres Artefakt der mittleren und die Artefakte der untoren Reihe) und im gesamten Moustérien sehr verbreitet ist. Fast ausnahmslos ist die Spitze nicht scharf genug, die Kanten durch meist steile Retuschen zu hoch abgestutzt, das ganze Artefakt für eine Speerspitze zu dick. Durch flache Retuschen schneidiger und dünner gearbeitete Spitzen sind selten, häufig sind beide Kanten in der Neigung der Kantenretusche sehr verschieden und erweisen schon dadurch, daß es sich nicht um Speerspitzen handeln kann. Nicht

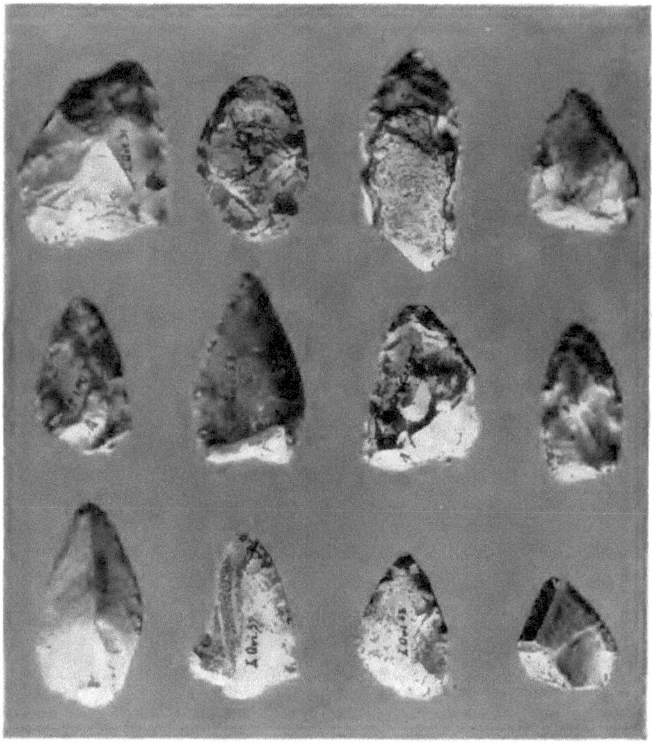

Fig. 6. Handspitzen des jüngeren Moustérien von La Quina. ca. 1/3 n. Gr. Originale im Städt. Museum zu Weimar.

selten trifft man in der Spitze und an den Kanten sehr gut gearbeitete Moustierspitzen, die auf der Oberseite noch die natürliche Rauhigkeit des Feuersteins, die Grenzfläche zum Muttergestein zeigen (siehe das mittelste Artefakt in Abb. 3, je 2 in der oberen Reihe der Abb. 4 und 6). Da solche Spitzen an den retuschierten Stellen ebensogut gearbeitet sind wie andere vollständig von frischen Bruch- resp. Schlagflächen begrenzte, so müssen sie für ihren speziellen

Zweck ebenso brauchbar gewesen sein wie diese. Und dieser Zweck kann dann niemals Bewehrung von Wurfspeeren gewesen sein, weil an Speerspitzen alle die Reibung erhöhenden, die Schußwirkung also beeinträchtigenden Rauhigkeiten beseitigt sein müßten. Die Gesamtheit der typischen gut retuschierten Moustierspitzen können wir also mit Sicherheit aus dem Waffeninventar ausscheiden.

Im Allgemeinen darf man sagen, daß mit keinem Artefakt der altpaläolithischen Kulturen ein Wurfspeer, der auf größere Entfernung geschleudert noch entscheidende Wunden beibringen soll, hinreichend bewehrt werden kann. Haben die Altpaläolithiker aber entgegen dem oben erwähnten experimentellen Befund einen Teil ihrer geschlagenen Steine in dieser Weise benutzt, so müßte es doch als sehr unwahrscheinlich gelten, daß sie mit solchen Waffen die großen wehr- und fluchtkräftigen Säuger in offener Jagd haben erbeuten können. Der Kraftaufwand des Jägers beim Angreifen und Verfolgen der Tiere hätte ein unverhältnismäßig großer, die Gefährdung der eigenen Person durch die Wehrhaftigkeit des Wildes eine unverhältnismäßige starke sein müssen. Das Mißverhältnis zwischen Leistung des Jägers, Gefährdung des Jägers und Möglichkeit des Erbeutens, zwischen Angriffswaffen des Jägers und Wehrhaftigkeit und Fluchtkraft des starken Wildes wäre ein viel zu großes gewesen und hätte bei Jagden heutiger primitiver Rassen keine Parallele. Solche Erwägungen und die Meinung, daß für den Menschen der altpaläolithischen Kulturstufen eine andere, wirksamere Bewaffnung nicht wahrscheinlich gemacht werden könnte, führte mich zu der für einzelne Arten auch in der Zusammensetzung des gefundenen Beutematerials gestützten Auffassung, daß der Altpaläolithiker fast ausschließlich Fallgrubenfang getrieben, daß er neben Nashorn und Elephant auch den Bär, den Auerochsen, den Wisent und andere Tierarten der Großtierfauna in Fallgruben gefangen habe. Heute möchte ich dem Fallgrubenfang des Altpaläolithikums eine so stark vorherrschende Stellung innerhalb seiner Jagd nicht mehr einräumen, wenigstens nicht auf alle Arten der mittleren Großtierfauna. Ich beurteile mit anderen Autoren die Bewaffnung des altpaläolithischen Jägers günstiger. Noack läßt in der von ihm geschilderten Mammutjagd die Jäger spitze Pfähle und Speere gegen die Mammute schleudern; und in der Tat muß es den Paläolithikern auch früher Kulturstufen möglich gewesen sein, sich spitze Pfähle oder Speere aus Holz herzustellen. Ein kantiger Feuerstein, gleichgültig ob retuschiert oder nicht, wie ihn jede Kulturstufe besaß, genügt allein, um im

Verein mit Feuer einen Stab anzuspitzen. Ein Nachschleifen auf Stein, und es kommt gar nicht auf bestimmte Gesteinsarten an, oder ein Zurechtschneiden und Glätten mit einem scharfen Feuersteinmesser kann solchem Speer eine sehr achtbare Spitze verschaffen und dem Paläolithiker eine recht brauchbare Wurfwaffe an die Hand gegeben haben. Mit welcher geringen Mühe mit Feuersteingerät Holz geschnitten, geschabt, überhaupt bearbeitet werden kann, das lese, wer nicht durch eigene Versuche sich überzeugen will, in Pfeiffers steinzeitlicher Technik[4]) nach. Die Herstellungsweise solcher Holzspeere ist auch bei primitiven Stämmen der Gegenwart noch eine sehr einfache und geht über das, was dem Paläolithiker technisch möglich gewesen sein muß, vielfach nicht hinaus. Über die Herstellung der Holzspeere bei den Bainings auf Neupommern schreibt Parkinson („30 Jahre in der Südsee"): „Sie werden einigermaßen rund abgeschabt und das eine Ende zugespitzt, sowie im Feuer gehärtet. Trotz der rohen Arbeit sind sie in den Händen der Bainings eine gefährliche Waffe, denn von Jugend an übt man sich im Werfen und erreicht mit der Zeit eine erstaunliche Gewandheit und Fertigkeit." Die Verfertigung solcher Waffen ist sicher schon im Chelléen, vielleicht noch früher möglich gewesen, sie dürfte natürlich mit der Vervollkommnung der Feuersteintechnik, mit dem Ausbau des Feuersteingerätinventars als dem Arbeitszeug, mit dem Holz geschnitten, geschabt, geglättet wurde, stetig verbessert worden sein. Ihren Höhenpunkt hat die Waffentechnik schließlich in jungpaläolithischer Zeit mit dem Einsetzen von Knochen- und Hornspitzen erreicht. Erst diese jüngere Zeit verfügte auch über Steinartefakte, die zur Bewehrung von Speeren und Wurfpfeilen als geeignet gelten können. Insbesondere die Lorbeerblattspitze und auch die Kerbspitze des Solutréen könnten diesem Zweck gedient haben. Aber auch hier, wo ja in Knochen, Elfenbein und Geweih ein viel geeigneteres Material für Speerspitzen vorhanden war, ist mir die Verwendung der genannten Steinartefakte, die sich keineswegs in allen Solutréenstationen und meist nur in wenigen Stücken gefunden haben, zu geschäfteten Messern, Dolchen, überhaupt kurzen Stoßwaffen viel wahrscheinlicher.

Selbstverständlich ist mit dem Nachweis der Möglichkeit noch keineswegs der Nachweis erbracht, daß die altpaläolithischen Jäger

---

[4]) L. Pfeiffer, Die steinzeitliche Technik und ihre Beziehungen zur Gegenwart. G. Fischer, Jena 1912.

auch wirklich Holzwaffen, d. h. Waffen mit Holzspitzen besessen haben müßten. Kulturfragmente lassen sich mit Hilfe von Analogieschlüssen allein nicht mit der einer objektiven Kritik genügenden Sicherheit rekonstruieren, weil jede primitive Kultur unter bestimmten Verhältnissen sich entwickelt, deshalb immer einseitig sein muß und viele der in ihr schlummernden Möglichkeiten unter den jeweils gegebenen Verhältnissen gar nicht ausbildet. Nach unseren Anschauungen sehr nahe liegende Entdeckungen sind häufig nicht gemacht worden, man denke nur daran, daß die Jungpaläolithiker niemals auch nur versucht haben einen Stein zu schleifen, obwohl sie Geweih und Knochen vielfach geschliffen haben. Die Ethnologie und Prähistorie kennen genug Beispiele für diese Erscheinung, von denen manches von einer alle primitiven Kulturen der Gegenwart überschauenden Warte vielleicht sonderbar und unbegreiflich erscheinen könnte. Es besteht unter diesen Umständen von vornherein die Gefahr, daß man Kulturfragmente — und um solche handelt es sich ja ausschließlich in dem Stein- und Knochenmaterial der paläolithischen Kulturstufen — zu vollkommen, zu abgerundet ergänzt.

In unserem Falle lassen sich diese an sich berechtigten Bedenken zerstreuen vor der Summe von Erfahrungstatsachen, die für das Vorhandensein von reinen Holzwaffen in altpaläolithischer Zeit sprechen. Zunächst muß man sich völlig frei machen von der Ansicht, daß uns in dem bearbeiteten Stein- und Knochenmaterial der Paläolithiker die gesamte materielle Kultur oder ein sehr großer Bruchteil derselben erhalten geblieben wäre. Es ist nur ein Teil davon, wenn auch der wichtigste, nämlich die Grundlage für die Herstellung alles dessen, was nicht erhaltungsfähig war. Die Voraussetzung, daß die paläolithische materielle Kultur nur Gegenstände aus Stein und Knochen umfaßt habe, also nur solche Dinge, die fossil erhaltungsfähig sind, ist zu absurd, um ernsthaft in Erwägung gezogen zu werden. Wie die Befunde an heutigen primitiven Kulturen lehren, verschwindet dieser Grundbestand des Handwerkszeugs, und als solchen möchte ich die Steinartefakte vorzugsweise auffassen, gegenüber der Fülle von Objekten, die aus vergänglichen tierischen und pflanzlichen Stoffen hergestellt werden. Das gilt auch für diejenigen Stämme, deren materielle Kultur, wie bei den Buschmännern, einen recht geringen Bestand aufweist. Es würde für den Laien, und ich glaube auch für den Fachmann außerordentlich lehrreich sein, nebeneinander die gesamte materielle Kultur eines primitiven Stammes und aus der Gesamtmasse das, was über viele tausende von Jahren in Kiesen, Lehmen, Tuffkalken usw. erhaltungsfähig wäre, also die Geräte oder Geräteteile aus Knochen und aus Stein ausgestellt zu sehen. Diese Gegenüberstellung würde uns einen ungefähren Maßstab für die Beurteilung unserer paläolithischen „Kulturen" geben und uns zeigen, wie sehr wir in dem, was uns

Fig. 7. Steinwerkzeuge der Tasmanier. ca. $^2/_5$ n. Gr. Originale im Städt. Museum zu Weimar.

überliefert ist, nur einen Bruchteil der ehemaligen Gesamtkultur zu erblicken haben. Zum direkten Vergleich mit unseren diluvialen Jägern empfehlen sich besonders die leider ausgerotteten Tasmanier, deren Artefakt-Handwerkszeug auf außerordentlich früher, den Eolithen in mancher Beziehung genäherter, etwa altpaläolithischer Stufe stand (vgl. Abb. 7), diesen Leuten aber trotzdem die Herstellung langer, hölzerner Speere, $^1/_2$ m langer spitzer Wurfhölzer neben vielen anderen Dingen ermöglichte. Bedenken wir, daß den diluvialen Menschen Europas die Pflanzenwelt zur Lebenshaltung keineswegs das bot, was den primitiven Völkern der Gegenwart die Flora der Tropen und Subtropen, daß aber diese begünstigten Völker ihre Jagdwaffen nach allen Richtungen ausbauten, so werden wir für äußerst wahrscheinlich halten müssen, daß die diluvialen Stämme, die viel stärker auf die Jagd als wesentlichste Nahrungsquelle angewiesen waren, die einfachste und natürlichste Möglichkeit ausgenutzt, daß sie sich reine Holzwaffen gefertigt haben werden. Es soll dabei, und davon wurde ja schon oben gesprochen, nicht in Abrede gestellt werden, daß für bestimmte Zwecke, für Stoßwaffen oder Wurfwaffen mit kurzer Flugbahn (Kriegswaffen) auch geschlagene Steine als Spitzen schon in altpaläolithischer Zeit Verwendung fanden. Man könnte gerade in der mehr reißenden Wirkung solcher Steinspitzen gegenüber der schneidenden resp. stechenden schärferer Holzspitzen einen Vorteil für den altpaläolithischen Jäger sehen wollen. Demgegenüber ist zu bedenken, daß der diluviale Mensch eine schnell wirkende, möglichst tiefe Verwundung, die dem Beutetier keine oder nur eine kurze Flucht gestattete, anstreben mußte. Inmitten einer an großen Raubtieren geradezu außerordentlich reichen Tierwelt, über die der nächste Abschnitt berichtet, war die Verfolgungskraft des menschlichen Jägers nur eine geringe, auf jeden Fall sehr beschränkte. Beim Abwägen der Vorteile, die Speere mit Holz- oder mit Steinspitzen dem diluvialen Menschen gewährten, wird man auch die besonders dichte Behaarung aller Tiere zur Zeit eines rauhen Klimas nicht vergessen dürfen. Gegen eine solche dichte Schutzdecke mußten spitze Holzspeere viel erfolgreicher sein als Speere mit Steinspitzen, denn die Steinspitzenformen aller altpaläolithischen Kulturen — und für diese vor allem kommen reine Holzspeere in Frage — sind mit ganz verschwindenden Ausnahmen stumpf am Spitzenende und nicht schneidig scharf an den Kanten.

Schließlich ist die Wurfweite der Holzspeere sicher eine beträchtlichere, ihre Herstellung einfacher. Die feste Verbindung einer aus besonderem Material gefertigten Spitze mit dem Holzschaft des Speeres, und zwar so, daß die Waffe nicht zu plump und schwerfällig wird, setzt eine über die Stufe der Altpaläolithiker wohl schon hinausgehende Entwicklung der materiellen Kultur voraus. Einklemmen oder Anbinden der Steinspitze würde die Wirkung der

Waffe in jeder Hinsicht so sehr einschränken, daß auch von diesem Gesichtspunkt aus die nur aus Holz gefertigten Waffen unbedingt als die stärkeren und deshalb in Anbetracht aller Umstände als die für das Altpaläolithikum wahrscheinlichsten gelten müssen.

Was die spezielle Gestaltung dieser Holzwaffen, (von denen, da sie nur unter ganz besonderen Verhältnissen erhaltbar oder als Hohlformen nachweisbar sein können, bisher nichts aufgefunden worden ist), besonders die Gestaltung des vorderen Endes angeht, so ist anzunehmen, daß der Querschnitt der Speere an der Spitze wie am Schaft drehrund, oder vorn rundoval gewesen ist. Ganz flache, lanzettförmige Spitzen mit zwei seitlichen Schneiden — eine viel wirkungsvollere Waffe — finden wir heute aus Holz vorwiegend dort, wo den Jägern Bambus zur Verfügung steht, oder doch ein geeignetes Hartholz vorhanden ist. Beides hat dem diluvialen Jäger Europas gefehlt, er konnte als Nomade nur frisches, günstigstenfalls längere Zeit abgestorbenes, nicht aber länger zweckmäßig abgelagertes Holz verwerten, wie es manchen heutigen einfachen, aber seßhaften Rassen möglich ist. Sein Holzmaterial war deshalb minderwertiger und zur Herstellung von Speeren mit flacher, doppelschneidiger Spitze wenig oder nicht geeignet. Für das sehr wahrscheinliche Fehlen derartiger Speere läßt sich auch noch ein zweiter Grund aufführen. Wo in der Vorzeit ein Wechsel im Herstellungsmaterial von Waffen und Geräten eingetreten ist, dort ist in der Übergangszeit und wiederholt noch länger in die neue Zeit hinein mit dem neuen Material die alte Form wiederholt resp. beibehalten worden. Hätten die Altpaläolithiker Holzspeere mit flachen, lanzettförmigen Spitzen besessen, so hätten die mit dem Aurignacmenschen bei uns einrückenden Jungpaläolithiker oder deren vielleicht schon etwas früher in Europa heimische Vorfahren die Vorzüge einer solchen Waffe erkannt und sich zu eigen gemacht. Sie hätte unbedingt auf die Form der aus Knochen gefertigten Speerspitzen von Einfluß sein müssen, zumal sich aus verschiedenen Knochen leicht flache, längliche Stücke gewinnen lassen und schon die Geweihbildung eines der häufigsten Jagdtiere dieser Zeit, des Rentieres, auf flache Formen hinwies. Noch nie aber hat man andere als im Querschnitt runde oder ovale knöcherne Speerspitzen gefunden. (Großer zu kleiner Durchmesser an dem unteren Ende von knöchernen und elfenbeinernen Speerspitzen verhalten sich etwa wie 3:2 und werden nach der Spitze zu allmählich gleich.) Auch darin sehe ich einen

Hinweis auf die Art der altpaläolithischen und der paläolithischen Holzspeere überhaupt.

Ob die Spitzen der Holzspeere stets glatt, oder ob sie zum Teil eingekerbt und mit Widerhaken versehen gewesen sind, läßt sich nicht beurteilen. Aus jungpaläolithischer Zeit jedenfalls kennen wir in den verschiedenartigen Harpunen mit Widerhaken versehene Speerspitzen. Daß damit bewehrte Speere auch zur Jagd auf stärkeres Wild, nicht nur zur Fischjagd benutzt wurden, dürfte aus Bisonbildern hervorgehen, denen Harpunen aufgemalt sind. Es braucht kaum betont zu werden, daß in solchen Fällen die mit Widerhaken versehenen Spitzen eine feste, nicht eine lose, den eigentlichen Harpunen eigentümliche Verbindung mit dem Holzschaft des Speeres gehabt haben werden.

Außer Holzspeeren werden Wurfhölzer verschiedener Gestalt und Wurfkeulen eine Rolle gespielt haben, insbesondere bei Jagd auf kleineres Wild. Daneben haben die Jungpaläolithiker, jedenfalls die Jäger des Magdalénien Speerschleudern oder „Wurfhölzer" (Propulseur) besessen, wie sie heute noch bei vielen Stämmen verbreitet sind; mit ihrer Hilfe kann den Speeren größere Wurfweite und Durchschlagskraft verliehen werden. Möglicherweise sind sie auch dem Altpaläolithiker bekannt gewesen, uns aber aus dieser Zeit, in der Knochen und Geweih noch nicht verarbeitet wurden und alle Waffen nur aus Holz gefertigt werden konnten, natürlich ebensowenig erhalten wie die Holzspeere selbst.

Diese Holzspeere, die in jungpaläolithischer Zeit durch Einsetzen von Knochenspitzen eine wesentliche Vervollkommnung erfuhren, sind zur Konstruktion von Jagdfallen, ähnlich der auf Ceram und Buru gebräuchlichen Speerfalle, wahrscheinlich nicht benutzt worden; sicher nicht im Altpaläolithikum. Denn das würde nicht nur Bekanntschaft mit der Elastizität des Holzes, und diese Bekanntschaft ist natürlich anzunehmen, sondern auch ihrer Nutzbarkeit mit Hilfe eines gespannten Fadens irgendwelcher Art in einem besonderen, sehr naheliegenden Fall voraussetzen: Dem Bogen. Und für dessen Vorhandensein haben wir nicht einmal in den Höhlenbildern oder in den Gravierungen aus jungpaläolithischer Zeit, sehen wir von den jüngsten spanischen, nicht unbestritten noch dem Paläolithikum zugeteilten Felsmalereien ab, einen Anhaltspunkt. Ebensowenig in den überlieferten Artefakten. Denn die Pfeilspitzen aus Knochen und Stein, die aus jungpaläolithischen Kulturen in größerer Menge vorliegen, erweisen noch keineswegs den Besitz des Bogens. Solche Pfeile können, wie heute noch bei primitiven Stämmen mit Hilfe von Wurfhölzern, Pfeilschleudern geworfen worden sein.

Es ist also für das Jungpaläolithikum die Kenntnis des Bogens und damit die der Jagdfallen, die auf die Elastizität des Holzes aufgebaut sind, zum mindesten ganz unsicher. Diese Jagdfallen dürfen wir aus dem Bestand der Jagdwaffen der jungpaläolithischen Jäger aber mit größerer Bestimmtheit deshalb ausscheiden, weil sie nur in Waldgebieten anwendbar sind, nur dort sich entwickelt haben können, zu Zeiten der Jungpaläolithiker aber bei uns gerade die Steppen eine weite Ausdehnung besaßen; waldfreie und waldarme Gebiete waren die Jagdgründe der jungpaläolithischen Jäger. Spezielle Jagdwaffen für Waldgebiete können bei ihnen nur eine ganz verschwindende, praktisch nicht ins Gewicht fallende Rolle gespielt haben.

Für den Altpaläolithiker können wir den Bogen und auf das gleiche Prinzip gegründete Jagdfallen mit Sicherheit ausscheiden. Einer großen Anzahl von primitiven Stämmen der Gegenwart, und unter ihnen gerade den primitivsten, z. B. den Australiern und Tasmaniern, ist, resp. war der Bogen unbekannt und wir haben nach Ausweis der überlieferten älteren diluvialen Kulturen allen Grund, den Altpaläolithikern eine so hochstehende Waffe, damit die Kenntnis des Prinzips, und deshalb auch die Sperrfallen abzusprechen. Ein späterer Abschnitt (IV) wird zeigen, daß Alt- wie Jungpaläolithikern der Bogen sicher unbekannt war.

Inwieweit Schleuder und Bola Verwendung fanden, ist nicht sicher zu beurteilen. Es könnten in diesem Sinne aber Steinkugeln gedeutet werden, die in einigen Moustérienstationen Frankreichs und Spaniens in größerer Zahl gefunden worden sind und die sicher als ein von Menschen ausgelesenes Material an ihren Fundplatz gelangt sind. Obermaier[5]) denkt an Lederschleudern oder Lasso mit eingenähten Steinen oder einen Holzstock, an dessen Ende der Stein eingeklemmt wird. Nach dem Eindruck, den spätere Abschnitte uns von den geistigen Fähigkeiten des Neandertalmenschen vermitteln, kann ich nur die letzte Deutung für möglich halten. Auf jeden Fall hat der Neandertalmensch, wenn wir uns an die tatsächlichen Funde halten, nicht allgemein eine solche Stein-

[5]) Obermaier, H., Der Mensch der Vorzeit. Allgemeine Verlagsgesellschaft Berlin—München—Wien 1912.

schleuder besessen. Wahrscheinlicher, aber durch Artefaktmaterial auch nur spärlich und kaum zwingend zu belegen, ist, daß die Jungpaläolithiker, die Aurignac- und die Cro-Magnonrasse wirksamere Schleudern, vielleicht auch die Bola gekannt haben. Die Verwendung von Wurfschlingen, vor allem von Stock- und Fangschlingen, ist für diese Zeit recht wahrscheinlich. Eine jungpaläolithische, allerdings nach meinem Empfinden nicht ganz klare Gravierung, kann in diesem Sinne gedeutet werden.

Außer mancherlei Wurfwaffen: Wurfspeeren, Wurfpfeilen, Wurfkeulen usw., die für die Jagd am wichtigsten sind, hat der diluviale Mensch jeder Kulturstufe zweifellos Stoßwaffen verschiedener Art besessen, wie sie für den Jungpaläolithiker ja in Knochen- und Geweihdolchen erwiesen sind. Auch dem Altpaläolithiker, der Knochen und Geweih noch nicht verarbeitete, können kurze Stoßwaffen nicht fremd gewesen sein. Denn diese kurzen, vielleicht mit Steinspitzen vorn bewehrten Waffen liegen auf dem Entwicklungsweg, den die Waffe von der Zeit, als Waffe und Werkzeug noch eins waren, bis zur Erfindung des Wurfspeeres genommen hat. An geeigneten Steinspitzen hat es, jedenfalls im Acheuléen und Moustérien, wie wir oben sahen, nicht gefehlt.

Für die Beurteilung der Stärke von Wurf- und Stoßwaffen und damit der Art und des Ausmaßes der vorzeitlichen Jagd ist letzten Endes die Beantwortung der Frage wichtig, ob der Paläolithiker Europas über geeignete pflanzliche oder tierische Gifte zur Bestreichung seiner Waffen verfügte. Wir dürfen diese Frage verneinen, mit Bestimmtheit jedenfalls für den Altpaläolithiker. Aber auch die Rinnen und Riefen, die an knöchernen Pfeilspitzen der Stufe von Solutré gelegentlich angetroffen werden, können als sichere Beweise für Verwendung von Giften nicht gelten. Solche Gifte sind pflanzlichen Stoffen, und das gilt für alle mitteleuropäischen Giftpflanzen, auf einfache Weise nicht zu entziehen. Zum mindesten ist langes Kochen, fast ausnahmslos Einkochen notwendig, um Giftlösungen von der erforderlichen Konzentration zu erhalten. Es ist sehr unwahrscheinlich, daß dem Paläolithiker, der die Töpferei nicht kannte, also nur organische Kochbehälter besaß, und der wahrscheinlich nur durch Einlegen erhitzter Steine in seine Wasserbehälter kochen konnte, auch nur einfache Methoden der Giftbereitung vertraut oder überhaupt technisch möglich waren. Außerdem konnte ihm die mitteleuropäische Pflanzenwelt und Tierwelt (Schlangen, Amphibien, Aas), und das ist entscheidend, keine Gifte von schneller

Wirkung verschaffen. Wohl enthalten die Hautdrüsen unserer Salamander und Kröten in ihren milchigen Absonderungen ein Gift, mit dem Fische, Enten, Kaninchen, Meerschweinchen und sogar Hunde getötet werden können, wenn nur eine geringe Menge unter die Haut eingespritzt wird. Die starke Wirkung ist aber auf kleinere Tiere beschränkt. Zu einer schnellen Tötung großer Beutetiere, wozu heute noch von Indianern das viel stärkere Gift amerikanischer Laubfrösche verwertet wird, genügen unsere heimischen Amphibiengifte nicht. Und das gleiche kann mit Bestimmtheit von unseren Pflanzengiften behauptet werden. Selbst die stärksten unter den pflanzlichen Giften, das der Nieswurz und der Tollkirsche, reichen für diesen Zweck nicht aus. Und in einer schnellen Wirkung allein liegt für einen Jäger, der nur oder fast nur der Nahrung wegen jagt, der Vorteil vergifteter Waffen. Wo heute mit Giftpfeilen und Giftspeeren gejagt wird, schneiden die Jäger nach Erbeuten des Wildes sofort das Fleisch um die Treffstelle aus, um ein Weiterziehen des Giftes im Tierkörper zu verhindern. Denn fast alle starken Gifte, und das gilt vor allem auch für die Amphibiengifte, wirken nicht nur, wenn sie direkt durch Verwundung in die Blutbahn gelangen, sondern auch, wenn sie durch den Magen dem Körper mitgeteilt werden. Wer mit vergifteten Waffen zur Beschaffung von Nahrung jagt, der muß schnell erbeuten, also über sehr starke Gifte verfügen. Langsam wirkende Gifte, die dem Wild eine längere Flucht gestatten, vor allem solche, die erst nach weitgehender Durchseuchung des Körpers wirken, kommen deshalb von vornherein gar nicht in Frage. Selbst wenn der paläolithische Jäger solche Gifte hat gewinnen können, was mir sogar für den Jungpaläolithiker unwahrscheinlich ist, so hätte ihm ihre Verwertung zumindesten einen Teil des mühevoll erlegten Jagdwildes ungenießbar in die Hände geliefert. Eine Steigerung der jagdlichen Rentabilität, und allein von diesem Standpunkt aus ist die Jagd primitiver Stämme zu beurteilen, können wir deshalb in der Verwendung solcher langsam wirkenden Gifte nicht erblicken; wir müssen annehmen, daß der Paläolithiker nicht mit vergifteten Waffen gejagt hat. Hat aber der Jungpaläolithiker Herstellungsweisen solcher Gifte gekannt und läßt sich für die Einkerbungen an knöchernen Lanzen- und Pfeilspitzen im Vergleich mit den Waffen heutiger primitiver Stämme sehr wahrscheinlich machen, daß es sich um Giftrinnen handelt, so müssen wir viel eher an Kriegswaffen als an Jagdwaffen denken.

Als letzte und gewissermaßen indirekte Waffe ist schließlich noch der Grabstock zu erwähnen, der zur Anlegung von Fallgruben verschiedener Art — sie brauchen keineswegs stets groß gewesen zu sein, auch heute werden für große Tiere oft kleine Fallgruben hergestellt, in denen nur ein Bein des Tieres sich fängt — Verwendung finden konnten. Schon der diluviale Mensch ist ein Allesesser gewesen, der einen Teil seiner Nahrung der Pflanzenwelt entnommen haben wird. Wie heute eßbare Wurzeln und Knollen überall, wo sie vorkommen, von den Eingeborenen gesammelt, resp. gegraben werden, so wird auch der diluviale Mensch Europas die unter der Oberfläche liegenden eßbaren Pflanzenteile gekannt und herausgeholt haben. Die Erfindung eines einfachen, zweckmäßigen Grabegeräts, eines Grabstockes, wie ihn die Buschmänner heute noch führen, wird deshalb eine der frühesten Erfindungen gewesen sein, die die Menschen gemacht haben; und wir können den Paläolithikern den Besitz eines solchen, natürlich nicht überlieferbaren Gerätes ohne weiteres zusprechen.

Wir dürfen uns also den Menschen der alt- und vor allem der jungpaläolithischen Zeit als mit Wurf- und Stoßwaffen wohl ausgerüstet vorstellen, allerdings im Altpaläolithikum, und das werden spätere Abschnitte wahrscheinlich machen, noch kaum in dem Maße bezüglich der Durcharbeitung und Wirksamkeit der Waffen, wie es die im vergangenen Jahrhundert ausgerotteten Tasmanier gewesen sind. Diese Bewaffnung des Paläolithikers, die angesichts der Welt, in der er lebte, keineswegs stark, herrschaftssichernd erscheint, wurde zweifellos ergänzt durch eine genaue Kenntnis von der Lebensweise, der Wehr- und Fluchtkraft der einzelnen Tiere. Mit zahlreichen Listen, gelegentlich vielleicht unter Zuhilfenahme von Verkleidungen, wie sie heute noch üblich sind, hat er seine Waffen mindestens mit dem Erfolg geführt, der zur Sicherung seiner Existenz nötig war. An der Hand der paläolithischen Höhlenmalereien hat Profé l. c. Anm. 3 gezeigt, daß der diluviale Jäger des Jungpaläolithikums mit der Anatomie der Tiere wohl vertraut war und sehr genau die Stellen kannte, an denen ein Speer oder ein geschleuderter Pfeil am wirkungsvollsten angebracht werden konnte.

Völlig entbehrte der diluviale Mensch aber einer Jagdhilfe, die sich heute bei Stämmen aller Zonen, hoch- wie niedrigstehenden weit verbreitet findet, der gezähmten Tiere. Weder Reit- noch Tragtiere, wie Pferd, Rentier, Rind, noch den wertvollsten Jagdgehilfen, den Hund hat er besessen. Das läßt sich für alle paläolithischen Kulturstufen mit Sicherheit behaupten: niemals zeigt das in den Küchenabfällen überlieferte Knochenmaterial zähmbarer Arten eine solche Zusammensetzung nach Altersstufen, daß auf einen Schlachtverbrauch gezähmter Tiere geschlossen werden müßte, in keinem Falle fanden sich anatomische Anzeichen einer Domestikation; und nie sind an den Knochen der Beutetiere Nagespuren gefunden worden, wie sie beim Besitz des gezähmten Hundes unbedingt zu erwarten wären.

Der diluviale Mensch war Jäger durchaus aus eigener Kraft.

III. Die Stellung des diluvialen Jägers innerhalb der diluvialen Tierwelt.

Mit der Bewaffnung haben wir bisher nur den einen Faktor kennen gelernt, der Art und Ausmaß einer Jagd bestimmt, gewissermaßen nur die positive Seite in der Stellung des paläolithischen Jägers. Es gibt aber noch eine andere, die man als negative Seite bezeichnen kann und die bei Beurteilung der vorzeitlichen Jagd nicht übersehen werden darf: ich meine die vielerlei Einschränkungen, die die jagdliche Betätigung damals von seiten der Umwelt erfuhr. Der Mensch war nicht der einzige Jäger im diluvialen Europa, er selbst war nicht nur Jäger, sondern auch Beute. Außer vielartigen Pflanzenfressern war unsere diluviale Tierwelt reich an großen Raubtieren. Der Löwe (Felis spelaea), der Panther (Felis pardus, magna, antiqua), 2 große Bären (Ursus spelaeus und Ursus arctos), 2 Hyänen (Hyaena spelaea und striata), der Wolf (Canis lupus) und der Luchs (Felis lynx) sind zur Zeit der paläolithischen Jäger bei uns verbreitet gewesen und in vielen Gebieten, z. B. Thüringen zur letzten Zwischeneiszeit mit Ausnahme der Hyaena striata, gleichzeitig vorgekommen. Es ist sehr zu beachten für die uns beschäftigende Frage, daß gerade die gefährlichsten unter diesen Raubtieren ihre lebenden Verwandten an Größe ganz beträchtlich, bis zu $^1/_3$ übertrafen, — das gilt für den Löwen, zum Teil für den Panther, in hohem Maße für den Höhlenbären, der unter allen bekannten fossilen und rezenten Bären die gewaltigsten Ausmaße erreichte, und schließlich auch für den braunen Bären, der mächtiger als seine heute in Asien und Europa lebenden Nachkommen dem gefürchteten Grizzlybären Nordamerikas an Größe und wohl auch an Wildheit gleichkam —, während unter den paläolithischen Jägern die älteren, die Neandertalrasse und die Aurignacrasse gerade auffallend kleinwüchsig waren und nur eine Körpergröße von etwa 1,6 m erreichten. Erst die jüngere diluviale Rasse von Cro-Magnon, zu deren Lebzeiten Panther, Höhlenbär und die Hyänen teilweise erloschen, teilweise aus Europa verschwunden waren, zeigte einen höheren Wuchs mit Körpergrößen bis 1,9 m. Gerade in den Zeiten, als die meisten und die größten Raubtiere in Europa hausten, sind die kleinsten der paläolithischen Menschenrassen bei uns heimisch gewesen, so daß schon deshalb, sehen wir ganz von der immerhin bescheidenen Bewaffnung dieser Menschen ab, die allgemeine Stellung dieser Jäger innerhalb der sie umgebenden Tierwelt als weit ungünstiger gelten muß, als die der meisten lebenden primitiven Rassen, in deren Wohn- oder Wanderbereich Löwe, Tiger, Panther und andere große Raubtiere verbreitet sind.

Diese Raubtiere waren nicht nur gefährliche Konkurrenten, die vielfach vom Jäger angeschossenes Wild wohl vor ihm erbeuteten, oder den Jäger überhaupt an einer weiteren Verfolgung hinderten, sie waren sicherlich auch die Feinde des Jägers, denen er jährlich einen nicht unbeträchtlichen Tribut zu zahlen hatte. Wir werden uns davon am ehesten einen ungefähren Begriff machen können mit Hilfe einiger, einer englischen Statistik entnommenen Zahlen über die Opfer, die die großen Raubtiere noch gegenwärtig, wo Feuerwaffen eine so weite Verbreitung haben, vom Menschen fordern.

In Indien wurden 1911 allein vom Tiger 767 Menschen getötet; in China werden jährlich Tausende den Tigern, Wölfen und Bären zur Beute. Im Amurgebiet wurden 1909 während des kurzen sibirischen Sommers 200 Menschen vom Tiger zerrissen und im gleichen Jahr sollen etwa 5300 Menschen in Sibirien den Bären und Wölfen zum Opfer gefallen sein. Entsprechende Zahlen werden aus dem Verbreitungsgebiet des Löwen gemeldet. In Uganda, das längst durch eine Eisenbahn erschlossen ist, wurden von Löwen im Jahre 1909 22 Europäer, 12 Inder und 167 Eingeborene getötet. Auf 200 schätzt man in Portugiesisch-Ostafrika, auf etwa 600 im Kongogebiet die jährliche Zahl der menschlichen Opfer. Und in all diesen Fällen handelt es sich um Menschen und Menschenrassen, die ungleich besser als die paläolithischen Jäger, zum weitaus größten Teil mit Gewehren bewaffnet sind; zum größeren Teil um Rassen, die seßhaft sind und deshalb in viel höherem Maße sich Schutz- und Abwehrmittel schaffen können als der nomadisierende paläolithische Mensch. Auch vor Einführung der Feuerwaffen waren sie ungleich besser bewehrt als der Paläolithiker, fast alle kannten und verarbeiteten das Eisen, alle besaßen den Bogen. Und trotzdem haben die Eingeborenenstämme in verschiedenen Teilen Afrikas jahrhundertelang vergeblich versucht, den Löwen wenigstens aus der Nähe ihrer Siedelungen zu vertreiben; es ist ihnen nicht gelungen, ihren Bedränger ohne Hilfe europäischer Waffen erfolgreich zu bekämpfen In welchem Maße muß dann erst der paläolithische Jäger, dem außer dem gewaltigen Höhlenlöwen noch zahlreiche andere Raubtiere gefährlich waren, in seiner ganzen Lebenshaltung von der tierischen Umwelt abhängig gewesen sein, wie stark erscheint dadurch seine Bewegungsfreiheit als Jäger eingeschränkt! Nicht unter einem freien Wollen allein, sondern in Wechselwirkung mit einem zumeist viel stärkeren Müssen haben sich seine Jagd und seine Jagdmethoden herangebildet. Wir begreifen, welche ungeheuere Bedeutung die Kenntnis des Feuers, das auch der Altpaläolithiker schon zu benutzen gelernt hatte, für die Entwicklung des Menschengeschlechts gehabt haben muß. Es schützte ihn, der keineswegs immer in Höhlen gehaust hat oder hausen konnte, des Nachts vor den Raubtieren und bewahrte die bei einem nomadisierenden Jägerleben naturgemäß nur volkarmen Horden vor starken, den Bestand gefährdenden Abgängen. Diese Waffe besaß er vor allen anderen Tieren gegen seine Tierfeinde, sie allein ermöglichte ihm den Aufstieg und sicherte ihm nach langem Ringen die Herrschaft, die er in altpaläolithischer Zeit auch über einen kleinen Wohn- oder Wanderbereich noch keineswegs besaß.

Nicht die Waffen allein über die der Paläolithiker verfügte, bestimmten die Methoden seiner Jagd und die Grenzen seiner Jagderfolge, sondern mindestens in gleichem Maße auch die in der tierischen Umwelt liegende ständige Drohung. Nicht nur zu erbeuten, sondern auch nicht Beute zu werden, war sein Bemühen. Seine Jagd war ein Kampf, nicht nur mit den zum Teil recht wehrhaften Beutetieren unter den Pflanzenfressern; und der Mensch der Diluvialzeit erscheint keinesfalls, wie manchmal schon behauptet worden ist, als ein Vernichter der Tierwelt. Er wird unter den geschilderten Umständen keineswegs der erfolgreichste Jäger der Diluvialzeit, wenigstens nicht v o r und i n der altpaläolithischen Zeit gewesen sein, zweifellos haben die großen Raubtiere unter den Pflanzenfressern ungleich zahlreichere Opfer gefordert. Und wenn das überlieferte Material manchem gegen eine solche Auffassung zu sprechen, die an vielen Orten erhaltenen, zum Teil sehr zahlreichen Beutereste des menschlichen Jägers gerade auf außerordentlich erfolgreiche Jagd des Menschen hinzudeuten scheinen, so vergißt eine solche bedenkenfreie Beurteilung allein auf Grund der überlieferten Beutemasse einen durchgreifenden biologischen Unterschied zwischen den menschlichen und den tierischen Jägern. Die meisten Raubtiere, der Löwe, der Panther, der Luchs, der Wolf, der braune Bär ver zehren ihre Beute im Dickicht des Waldes, in der Hauptsache jedenfalls an Orten, wo für die Überreste der Mahlzeiten, ehe sie völlig vergingen, keine oder äußerst geringe Aussichten bestanden von gesteinsbildenden Ablagerungen irgendwelcher Art eingedeckt und so erhalten zu werden. Der Mensch aber wählte seinen Lagerplatz, wo die Beute verzehrt wurde, nach Ausweis zahlloser paläolithischer Stationen offenbar vor allem von dem Gesichtspunkt aus, gegen Überfälle durch Raubtiere oder feindliche Horden völlig oder doch soweit als möglich geschützt zu sein; und diese Schutzplätze waren, wie wir sogleich sehen werden, vorzugsweise Stellen der Gesteinsbildung. In vielen Fällen, besonders im Jungpaläolithikum, wo wir den wandernden Jäger mitten in den Lössteppen antreffen, mögen auch andere Rücksichten mitgesprochen haben, jedenfalls können wir heute den besonderen Vorteil einer Lagerstelle im Sinne einer Sicherung gegen Angriffe dort nicht mehr erkennen, der für die weitaus größere Menge aller ausgegrabenen Stationen ganz offensichtlich ist. In der Hauptsache lassen sich die Lagerstellen nach dem genannten Gesichtspunkt auf 3 Örtlichkeiten verteilen. Der diluviale Jäger verzehrte seine Beute:

1. In Höhlen und vor allem an Höhleneingängen, vor breiteren Felsnischen, unter Felsdächern, alles Örtlichkeiten, die neben Wetterschutz mindestens auf einer Seite vor Angriffen sicherten. Hierher gehört weit über die Hälfte aller paläolithischen Stationen.

2. Am Ufer von Flüssen und Bächen und wahrscheinlich vorzugsweise dort, wo eine U-förmige Flußschlinge wenigstens 2 oder 3 Seiten des Lagerplatzes vor Überfällen schützte. Von solchen Stellen aus, die bei Hochwässern überflutet, bei Stromverlegungen ins Strombett versetzt werden konnten, sind Artefakte und Beutereste recht häufig in den Wasserbereich und in die Sand- und Kiesmassen geraten. Als Fundstellen dieser Art seien genannt Markkleeberg, Hundisburg, Amiens, Abbeville und Rohrbach bei Heidelberg.

3. An Seen und Tümpeln, auch hier auf vorspringenden Landzungen kleineren und größeren Ausmaßes, auf Trockenstellen in überwässerten Gebieten, die gegen Überfälle einen ersten Schutz boten. Als Beispiele nenne ich die paläolithischen Stationen im Beckenton von Rabutz, im Tuffkalke von Taubach, Ehringsdorf, Weimar, Bilzingsleben.

Alle diese Stellen, einschließlich der freien Stationen im Löß, sind für Gesteinsbildung, für Überdeckung der Beutereste und ihre

Erhaltung außerordentlich günstig. Wir dürfen sagen, der Mensch verzehrte seine Beute vorzugsweise an Stellen dauernder oder in kurzen Intervallen intermittierender Gesteinsbildung. Deshalb ist uns so viel von seinen Jagdzügen erhalten. Ein biologischer Unterschied bedingt hier also letzten Endes den Unterschied im Grad der Überlieferung menschlicher und tierischer Jagdbeute und läßt bei flüchtiger Betrachtung den Menschen gegenüber den Raubtieren als einen viel gewaltigeren Jäger erscheinen. Dort aber, wo die Beute der Raubtiere einmal unter ähnlich günstigen Bedingungen eingedeckt und erhalten werden konnte, erweist sich der Jagderfolg der Tiere als mindestens ebenso bedeutend. Man denke nur an die zahllosen, von Menschen nie besiedelt gewesenen Höhlenbärenhorste Schwabens, Frankens, Polens, Dalmatiens und Frankreichs, — das Verhältnis zwischen den nur von Höhlenbären und den auch zeitweilig von Menschen „besiedelt“ gewesenen Höhlen mag mit 90:10 eher zu niedrig als zu hoch gegriffen sein, — und die Fülle der dort aufgefundenen Knochen der von Bären geschlagenen Tiere. Ich nenne nur einige bekanntere und besonders ergiebige Höhlen: Charlottenhöhle bei Hürben, Hohlenstein im Lonetal, Sibyllenloch an der Teck, Arnsteinhöhle bei Mayerling, Tischoferhöhle bei Kufstein. Man denke an die Hyänenhorste (Lindentaler Hyänenhöhle, zeitweise; Irpfelhöhle in Schwaben; Rösenbeckerhöhle im Kreise Brilon; die Ofnet (zeitweise) und andere), die vom Elephantenkalb an bis hinab zu den größeren Arten der Mikrofauna — die Beutereste kleinerer Raubtiere und der Raubvögel kommen hier nicht in Betracht —, Reste fast aller damals lebenden Tiere geliefert haben, genau so wie die heute von Hyänen bewohnten Höhlen in ihrem Knochenmaterial Reste von allen möglichen Tieren, Kamel, Büffel, Ochse, Schwein, Hund, Schaf usw. enthalten[6]).

Als Opfer von Höhlenbär und Hyänen haben aber auch in den von Menschen ein- oder mehrmals aufgesuchten Höhlen eine größere Anzahl von Tierresten zu gelten, die oft fälschlich der menschlichen Jagdbeute zugezählt werden. Was uns als Beute allein dieser beiden Raubtiere erhalten ist, steht den bisher ausgegrabenen Beuteresten des menschlichen Jägers keineswegs nach. Wir dürften das mit noch größerer Sicherheit behaupten, wenn nicht viele Raubtierhöhlen, nachdem man durch Probegrabungen das Fehlen menschlicher Spuren festgestellt hatte, gar nicht ausgegraben worden wären.

[6]) Brief des Kapitäns Sykes aus Poona an Buckland. Edinb. new. phil. Journ. 1827. Referat im Neuen Jahrb. f. Min. 1828, S. 73.

Und dabei handelt es sich doch nur um die Beute von zwei unter acht großen diluvialen Raubtieren. Von der Beute der anderen sechs, und zweifellos auch vom beträchtlichsten Teil der Beute des Höhlenbären und der Höhlenhyäne, ist uns nur ein ganz minimaler Bruchteil überliefert worden. Das gilt naturgemäß auch für den beträchtlichsten Teil der menschlichen Beute; bezüglich der besseren Erhaltungsbedingungen infolge anderer Wahl des Lagerplatzes bleibt für die menschliche Beute gegenüber der tierischen aber eine sehr starke Vorzugsstellung bestehen, die bei Bewertung der paläolithischen Jagderfolge volle Berücksichtigung verdient.

Ebensowenig darf ein zweites einschränkendes Moment übergangen werden: das Knochenmaterial einer Fundstelle, ja gelegentlich das einer Fundschicht entstammt der Beute mehrerer oder vieler, zeitlich um Monate, oft wohl um Jahre oder Jahrzehnte getrennter Jagdzüge. Wir dürfen die Zeiträume nicht unterschätzen, während deren das Beutematerial einer Fundstelle aufgehäuft wurde. An wenigen Stellen ist ein schlüssiger Beweis zu liefern, daß große Beute einem einzigen Jagdzug entstammt; daß eine uns heute einheitlich erscheinende Fundschicht nicht im Laufe mehrerer Jahre durch wiederholte, aber kurze Besuche geschaffen wurde. Wir wissen aus österreichischen Höhlen, daß der Mensch beim Herrichten seines Lager- oder Feuerplatzes in oder vor der Höhle den Boden nicht unberührt ließ; er wurde mehr oder weniger angeschürft, nicht selten oberflächlich umgewühlt, so daß alte und neue Beutereste, alte und neue Aschen- und Holzkohlenreste sich mischten und schließlich aus wiederholter Anwesenheit, aus dem Material verschiedener Jagdzüge eine für uns vielfach nicht mehr im einzelnen trennbare Fundschicht mit den Artefakten einer Kulturperiode entstand. Wir treffen in vielen Kulturschichten neben den Knochen der menschlichen Beutetiere in großer Zahl die Knochen kleiner und kleinster Säuger und Vögel, die nur in Raubvogelgewöllen in den Bereich der Kulturschicht gelangt sein können. Da Raubvögel über Stellen, an denen der Mensch einen Lagerplatz bezogen hat, erstens der Beunruhigung, zweitens des aufsteigenden Feuerrauchs halber, nicht ihren Ruhesitz zum Fressen wählen werden; da oberhalb solcher Lagerstellen horstende Raubvögel durch längeren Aufenthalt des Menschen unbedingt vergrämt werden müssen, so beweisen Gewöllreste in Kulturschichten stets einen intermittierenden Besuch des Lagerplatzes durch den Menschen, und damit eine intermittierende, vielleicht über viele Jahre oder Jahrzehnte sich hinziehende Entstehung einer uns einheitlich scheinenden Kulturschicht.

Unter solchen Umständen können selbst große Beutezahlen nicht mehr als Beweise gelten für besonders große Jagderfolge des paläolithischen Jägers, am wenigsten dort, wo sich die Beutemasse über mehrere, durch die eingelagerten Artefakte unterschiedene Schichten verteilt.

Mit diesen prinzipiellen Einschränkungen bezüglich der allgemeinen Bewertung der menschlichen Beutereste soll keineswegs ausgeschlossen werden, daß unter besonders günstigen Umständen die jagdlichen Erfolge des paläolithischen Jägers beträchtliche gewesen sein können, gelegentlich schon in altpaläolithischer Zeit, in höherem Maße schließlich im Jungpaläolithikum. In dieser Zeit hatte sich das Verhältnis zwischen Jäger und Beutetier durch die höhere kulturelle Entwicklung der Jäger und ihre wesentlich vervollkommnete Bewaffnung (Speer und Pfeilspitzen aus geglättetem Knochen und Geweih) sehr zugunsten des Jägers verschoben; neue aussichtsreichere Jagdmethoden müssen möglich geworden sein. Der Jäger wird von dieser wachsenden Überlegenheit in vollstem Maße Gebrauch gemacht haben, zumal in der Bewertung der Beutetiere ebenfalls ein Umschwung eingetreten war. Der Jungpaläolithiker jagte nicht mehr allein unter dem Gesichtspunkt der Nahrungsgewinnung, er jagte auch zwecks Gewinnung von Knochen und Geweihmarterial, die zu Werkzeugen und Waffen verarbeitet wurden. Das bedeutete ohne Zweifel einen neuen Ansporn und damit letzten Endes eine nicht unwesentliche Steigerung seiner Beute. Auch aus dieser Zeit sind aber Fundstellen mit bemerkenswerter oder wenigstens auffällig großer Beute selten. Ziemlich erfolgreich sind die Aurignacienjäger in den Lößsteppen Österreichs und Mährens gewesen, wenngleich hier keineswegs alle in den Kulturschichten gefundenen Tierreste als menschliche Beute betrachtet werden müssen oder dürfen.

Das gilt besonders für die Kulturschicht im Lößhügel von Predmost, die neben vielen anderen Tierarten, vor allem von Pferd, Rentier, Wolf und in überragendem Maße vom Mammut Knochenreste geliefert hat. Nach den Tatsachenangaben in der Literatur habe ich 1912, l. c., Anm. 1, die Anzahl der hier gefundenen Mammute auf 200—300 geschätzt. Absolon[7]) möchte ihre Zahl mit Maska auf etwa 1000 beziffern, was mir zu hoch gegriffen scheint, es dürfte

[7]) In Klaatsch-Heilbronn, Der Werdegang der Menschheit und die Entwicklung der Kultur. Bong, Berlin 1918.

maximal mit 5—600 zu rechnen sein. In dieser Fundstelle sehen manche den Beweis für eine außerordentlich erfolgreiche Jagd des paläolithischen Menschen. Ich habe demgegenüber schon 1912 die Gründe aufgeführt, die einer Auffassung der in Predmost überlieferten Mammutknochen und -Zähne als Beutereste des menschlichen Jägers durchaus widerstreiten. Aus den Fundverhältnissen, dem häufigen Vorkommen großer Knochen, die der menschliche Jäger niemals von einer entfernt gelegenen Erbeutungsstätte zum Kalksteinfelsen von Predmost geschleppt haben kann (denn viele dieser Knochen, wie Unterkiefer, Schädel, Becken, Schulterblatt usw. boten weder an sich, noch durch das ihnen ansitzende Fleisch entsprechende Vorteile) und aus dem nach Maska verhältnismäßig häufigeren Vorkommen von größeren zusammenhängenden Skelettteilen geht eindeutig hervor, daß die Mammute an der Stelle ihrer späteren Auffindung oder doch in unmittelbarer Nähe verendet sind. Hätte sie der Mensch hier erlegt, so könnte er sie doch niemals einzeln nacheinander oder in kleinen Trupps auf irgendeine Weise erbeutet haben. Denn alle Elephanten sind sehr vorsichtige und scheue Tiere, die durch eine häufige Beunruhigung, wie sie schon der Anfang einer solchen Jagdperiode gewesen sein müßte, auf lange Zeit, und hält die Beunruhigung an, dauernd aus dem Gebiet vertrieben worden wären.

Wären die Mammute dem Menschen zum Opfer gefallen, so hätte er sie alle auf einmal erbeuten müssen; an mehrere, zeitlich um Jahre getrennte Jagdzüge an der gleichen Stelle kann nicht gedacht werden, da die große Fundschicht nach allen Mitteilungen einheitlich war und sterile Zonen, wie sie in einer jagdfreien Zwischenzeit durch neue Lößüberwehungen usw. hätten entstehen müssen, gänzlich fehlen. Der Mensch müßte also eine sehr große Herde erbeutet haben, und das wäre nur mit Hilfe von Steppenbränden möglich gewesen, wie sie heute noch in Afrika bei den Elephantenjagden der Eingeborenen die wesentlichste Rolle spielen. Heute sind von den gut bewaffneten Jägern viele hunderte, ja tausende nötig, um mit dieser Jagdmethode Herden bis zu 50 Stück zu erbeuten. Wie volkreich müßte der Predmoster Jägerstamm gewesen sein, um 2—300 oder gar 5—600 Mammute auf einmal einzukreisen und zu töten? Wo wir heute jagende Nomadenstämme antreffen, die Buschmänner im tropischen Afrika, oder die Tungusen im nördlichen Sibirien: stets ist ihre Volkszahl sehr gering, stets jagen sie in kleinen Horden, ja teilweise nur in Familien. Wo sie sich vorübergehend für bestimmte Jagden zu größeren Horden vereinigen, wie die Tungusen zu ihren Rentierjagden im Herbst, da pflegt die Zahl der Jäger die hundert kaum zu übersteigen. Wochen und Monate müßten sie aus ihrem weiten Wanderbereich sich sammeln, um zu vielen hunderten oder tausenden zusammenzukommen. Nach allem, was wir aus den paläolithischen Funden erschließen können, ist es damals nicht anders gewesen; in volkarmen Horden war der Mensch spärlich über sehr große Gebiete verteilt. Mag der Predmoster Jägerstamm relativ volkreich gewesen sein, für Mammutjagden mit Hilfe von Steppenbränden war er auf jeden Fall zu klein, er hätte auf diese Weise auf einmal nicht 30, geschweige denn 500 oder mehr Tiere erbeuten können.

Soviel sich gegen die Auffassung der Predmoster Mammutreste als Beutereste des menschlichen Jägers geltend machen läßt, soviel spricht dafür, daß der Mensch hier eine verendete Herde vorfand, ja alle Momente finden nur bei dieser Deutung eine befriedigende Erklärung. Dabei scheint es mir noch gar nicht einmal sicher, daß der Mensch das Leichenfeld bald nach Verenden der Tiere besucht hat. Im kalten Trockenklima der Lößzeit ist eine Verwesung sicher nicht so schnell wie in unserem heutigen humiden Klima vorangeschritten, oder doch in anderer Weise erfolgt. Frisch waren die Mammutkadaver beim Eintreffen der Jäger sicher nicht mehr. Das Sortieren einzelner Knochen auf Haufen deutet doch wohl darauf hin, daß schon damals die Knochen vom Fleisch entblößt waren oder doch leicht zu entblößen waren. Wer weiß, wie schwer sich frisches Fleisch vom Knochen löst, wird es von vornherein für sehr unwahrscheinlich halten, daß die Paläolithiker sich dieser Mühe unterzogen hätten, nur um die Knochen, mit denen sie offensichtlich nichts weiter anzufangen wußten, teilweise sortiert auf Haufen zu stapeln. Auch dieses Moment spricht völlig gegen eine jagdliche Erbeutung der Mammute, besonders stark gegen eine Einzeljagd; es ist nur im Rahmen unserer Auffassung verständlich. Das gleiche gilt für das überaus zahlreiche Vorkommen des Wolfes, das bei Erbeutung der Mammute durch den Menschen, besonders bei der von Absolon neuerdings vertretenen Einzeljagd, biologisch gar nicht zu erklären ist. Nach meiner Ansicht sind die Wölfe vor dem Eintreffen des Menschen am Mammutleichenfeld gewesen und haben, wie heute noch die sibirischen Wölfe an den ausgetauten Mammutkadavern, sich an den Kadavern gütlich getan. Der Mensch hat sie dann, nachdem er viele erschlagen hatte, endgültig vertrieben. Nicht wenige der Wolfsreste mögen allerdings von Tieren herrühren, die beim Kampf um die Beute von ihren Artgenossen zerbissen worden sind, wie es heute noch häufig vorkommt. Nahrung gaben dem Menschen vor allem Rentier und Pferd. Beide sind im Fundmaterial von Predmost in einer Anzahl vertreten, die auf ansehnliche Jagderfolge hindeutet. Auch hier aber, wo die Mächtigkeit und der Inhalt der Fundschicht auf einen längeren Aufenthalt des Menschen hinweisen, müssen wir uns vor Überschätzung hüten. Hat das Mammutleichenfeld mehrere Horden des gleichen Stammes angezogen, so daß vielleicht gegen 100 Menschen sich hier über mehrere Monate aufgehalten haben, so erscheint auch die Beute an Rentier und Pferd nicht mehr so außerordentlich. Bei Erwägung aller Umstände, bei Einrechnung der Zeit als wichtigen Faktor zur Beurteilung von Beuteresten verliert auch Predmost sehr viel von seiner außergewöhnlichen Stellung. Es erweist recht erfolgreiche Jäger, aber keineswegs den menschlichen Jäger als einen Vernichter der Tierwelt.

Eine Sonderstellung unter allen paläolithischen Stationen nimmt die Fundstelle am Fuß des Felsens von Solutré ein. Hier sind mit den Spuren menschlicher Tätigkeit und den Knochen von allerhand Beutetieren untermischt die Reste von etwa 10000 Pferden — wie diese Zahl berechnet wurde, entzieht sich meiner Beurteilung — aufgefunden worden. Zur Erklärung einer solchen gewaltigen Anhäufung von Knochen getöteter Tiere wird zu berücksichtigen sein:

1. Daß der vorn steil abstürzende, nach hinten allmählig einflachende breite Felsen von Solutré einzig günstige Jagdmöglichkeiten gerade auf Pferde bot; (Hierzu ist ergänzend zu bemerken, daß nicht alle in den Resten vertretenen Pferde an Ort und Stelle, also durch Treiben von Pferdeherden gegen den Felsrand erbeutet worden zu sein scheinen. Es sollen im Knochenmaterial die vier Füße und Kiefer am häufigsten sein, Wirbel seltener. Das würde darauf hindeuten, daß auch von entfernt gelegenen Jagd- resp. Erbeutungsstellen erlegte Tiere als Balg, in dem wohl die besten Fleischteile transportiert wurden, an die Lagerstelle am Fuß des Felsens von Solutré geschafft worden sind. Da auch diese anderen Jagdstellen für eine erfolgreiche Jagd resp. Treibjagd unverhältnismäßig günstig gewesen sein können, so wird durch einen Nachweis verschiedener Jagdstellen unsere Annahme besonders günstiger Jagdmöglichkeiten nicht widerlegt, vielleicht etwas eingeschränkt.)

2. Daß zahlreiche Generationen an diesem Jagderfolg beteiligt gewesen sein dürften, also mit sehr vielen Jahren zu rechnen ist. Trotzdem muß der Jagderfolg an dieser Stelle als beträchtlich gelten; er zeigt uns, daß der diluviale Mensch selbst höherer Kulturstufen günstige Gelegenheiten in vollem Maße und immer wieder ausnützte, was uns umgekehrt aber auch auf eine gewisse Notwendigkeit zu solcher Ausnutzung, also auf einen im allgemeinen harten Lebenskampf schließen läßt. Denn der wilde Jäger aast nach allen Erfahrungen nicht mit dem Wild, technische Nutzung der Beute im großen, die mit der Entwicklung des Handels einsetzende Gewinnsucht sind ihm fremd und sind niemals ein Antrieb gewesen für seine Jagd.

Ausnahmsweise beträchtliche Anhäufungen menschlicher Jagdbeute, besonders wo sie offensichtlich auf Ausnahmen in der Jagdmöglichkeit beruhen, können nicht bestimmend sein für die allgemeine Beurteilung der paläolithischen Jagd; wir dürfen ihre Erfolge, wozu eine flüchtige Betrachtung des Fundmaterials einladen könnte, nicht überschätzen. Die Eingriffe des Menschen in die Säugetierwelt waren im Paläolithikum zweifellos geringer als die der Raubtiere, wesentlich geringer vor allem im Altpaläolithikum und der ihm vorangehenden Zeit. Stets war der Mensch nicht nur Jäger, sondern auch Beute. Seiner Jagd fehlte, und das kann nicht genug betont werden, jede Spur einer sportlichen Note, für die eine gewisse sichere Herrschaft über die Umwelt erste Voraussetzung ist. Mit List und Verschlagenheit und nicht nur mit Waffen, sondern auch mit der genauesten Kenntnis von der Lebensweise, der Wehr- und Fluchtkraft seines Wildes, der Fährlichkeit seiner zahlreichen Feinde ausgerüstet, führte er seine Jagd. In zähem, hartem Kampf hat er sich behauptet und schließlich durchgesetzt. Unendlich langsam ist sein Aufstieg gewesen, ist er freier geworden gegenüber den einschränkenden Einflüssen der tierischen Umwelt, denen er in altpaläolithischer Zeit in sehr hohem, in jungpaläolithischer Zeit noch in viel beträchtlicherem Maße unterworfen war, als heutige primitive Stämme, in deren Wohn- und Wanderbereich Löwe, Tiger, Bär, Wolf usw. verbreitet sind.

Im Rahmen dieser Anschauungen über die Stellung des Menschen innerhalb der diluvialen Tierwelt, zu denen wohl jeder kommt, der sich eingehender mit den Säugetieren der Eiszeit und den sie betreffenden biologischen Fragen auf Grund von Fundmaterial beschäftigt hat, erscheint der in der neueren populären Literatur wiederholt vorgetragene Gedanke, daß der Urmensch in einer frühen Zeit die Tiere mühelos erschlug, da sie ihn und die von ihm drohenden Gefahren nicht kannten, geradezu naiv. Klaatsch hat diesen Gedanken sogar als sehr fruchtbar bezeichnet für die Erklärung einer schnellen Ausbreitung des Menschen über weite Gebiete; denn wenn in einem Landstrich die Tiere mißtrauisch geworden, sich nicht mehr so leicht totschlagen ließen, so soll der Mensch einfach weitergezogen sein, um unter einer noch harmlosen Tierwelt wieder mühelos Beute finden zu können. (Daß zur Annahme einer besonders schnellen Ausbreitung der Menschen gar kein Grund vorliegt, dafür also auch eine Erklärung gar nicht gefunden zu werden braucht, sei nur nebenher bemerkt. In der Diluvialzeit haben sich viele Tiere mindestens ebenso schnell über sehr große Gebiete verbreitet, ich erinnere nur an die Elefanten.) Diese Auffassung stützt sich im wesentlichen darauf, daß Polarreisende die Pinguine äußerst harmlos antrafen. Sie umdrängten die Menschen geradezu und ließen sich ohne Scheu von ihnen berühren. Die Anwendung dieser Beobachtung und anderer im Prinzip gleicher oder ähnlicher auf das ursprüngliche Verhältnis zwischen dem diluvialen Jäger und der diluvialen Tierwelt, erscheint als eine sehr unglückliche. Zunächst war der Mensch wohl den Pinguinen, nicht aber der diluviale Mensch den diluvialen Tieren oder überhaupt seinen tierischen Zeitgenossen ein absolut unbekanntes Wesen. Er ist nicht als fertiger Jäger resp. ausgesprochener Fleischesser unter sie getreten. Die Tiere haben in altdiluvialer, wohl kaum schon in früherer Zeit, die Entwicklung des Menschen vom Pflanzen- zum Allesesser resp. Fleischesser gewissermaßen miterlebt. Diese Entwicklung dürfte mit dem Essen von Aas, das heute noch bei afrikanischen Stämmen nicht unbeliebt ist, eingesetzt haben; allmählich wird der Mensch getrachtet haben, sich Fleisch durch Töten der Tiere zu verschaffen. Seine Jagd wird sich dabei zunächst auf kranke und altersschwache Tiere beschränkt haben müssen. Diese sicherlich über recht lange Zeiträume sich erstreckende Entwicklung hat die Tierwelt miterlebt; ihr läuft parallel eine Entwicklung resp. dauernde Ergänzung des Erfahrungsschatzes der Tiere, die längst dem Menschen gegenüber mißtrauisch und scheu geworden sein müssen, ehe dessen Kulturstufe ihm eine wirkliche Jagd gestattete, die mehr war als ein vorzeitiges Erbeuten des natürlichen Abgangs an kranken und schwachen Tieren. Wäre aber der Mensch unter der altdiluvialen Tierwelt Europas wirklich plötzlich als gewissermaßen fertiger Jäger resp. Fleischesser erschienen, so hätte er nicht, wie die Polarreisenden, in den von keinerlei Raubtieren bedrohten Pinguinen, harmlose und furchtlose Tiere angetroffen, sondern durch das Zusammenleben mit zahlreichen großen, ganz verschieden jagenden Raubtieren sehr scheue und vorsichtige und daneben zum Teil auch sehr abwehrgeübte Tiere, die mit einer auf Harmlosigkeit des Wildes gegründeten Jagdmethode keineswegs zu erbeuten, oder wie man gesagt hat, einfach totzuschlagen oder totzuwerfen waren.

Die von Klaatsch und anderen vertretene Auffassung verkennt durchaus die Stellung des Menschen in der diluvialen Tierwelt und die Entwicklung, die der Mensch notwendigerweise vom Pflanzen- zum Allesesser resp. Fleischesser durchgemacht haben muß. Je weiter diese Entwicklung zurückliegt, desto weniger berechtigt ist diese Auffassung für die diluviale Menschheit oder ihre ältesten Vertreter. Schließlich steht im Gegensatz dazu die am Beutematerial des diluvialen Menschen zu erweisende Tatsache, daß die Jagd des diluvialen Menschen durchaus nicht begann mit leicht zu erschlagenden Tieren; gerade große, plumpe, widerstandsfähige und zählebige Tiere, wie Elefant und Nashorn finden wir, wie ich 1912 l. c. Anm. 1 gezeigt habe, vorherrschend in der Beute der älteren, stark zurücktretend in der Beute der jüngeren diluvialen Jäger, so daß die Entwicklung der Jagd zweifellos von besonderen, jedenfalls ganz anderen Momenten beherrscht wurde, als einer einfachen Zunahme des Mißtrauens, der Scheu, der Furcht der Tiere vor dem Menschen.

Es ist von vornherein, und gerade in frühen Zeiten der Menschheit, kein „Siegeszug“ gewesen, den der Mensch über die Erde antrat, er ist es nach hartem Kampf erst geworden.

IV. Die Jagd der diluvialen Menschen auf Fische, Vögel und kleinere Säugetiere.

Fische, Vögel und kleinere Säugetiere haben im Haushalt der Paläolithiker eine meist nur bescheidene Rolle gespielt. Die Stellung dieser so verschiedenen Tiergruppen zum diluvialen Menschen ist, vom Standpunkt der Jagdmöglichkeit betrachtet, in den Grundzügen ähnlich gewesen. In keinem Falle hatte der Jäger — von den großen Raubvögeln dürfen wir hier absehen — die Wehrkraft der Tiere zu fürchten, die bei seiner Jagd auf das Großwild, wie spätere Abschnitte zeigen werden, oft von entscheidender Bedeutung war. Die Schwierigkeiten der Kleintierjagd lagen erstens in der geringen Größe des Wildes und der dadurch bedingten geringeren Treffmöglichkeit; zweitens in der Fähigkeit der Tiere, sich einer Gefährdung durch Flucht an Stellen zu entziehen, wohin ihnen der Mensch nicht folgen konnte oder die doch seiner Waffenwirkung entrückt waren. Das gilt für Fische und Vögel ganz allgemein, für die kleineren Säugetiere insofern, als sie bei Gefahr sofort im Gestrüpp, in selbstgegrabenen oder natürlichen Höhlen und Schlupfen Deckung suchen. Diese beiden Momente mußten für Jäger, die mit einfachen Waffen zum Nahrungserwerb jagten, die in vielen großen und kleinen Raubtieren starke, auch Fallen- und Schlingenjagd beeinträchtigende Konkurrenten besaßen, die Rentabilität der „Niederjagd" beträchtlich herabdrücken. Trotz dieser geringen Bedeutung der „Niederjagd" im Rahmen der diluvialen Gesamtjagd ist aber ihr spezielles Ausmaß in den einzelnen Kulturperioden, ihre spezielle Wildwahl, wie sie aus den überlieferten Beuteresten hervorgehen, für die Beurteilung der diluvialen Menschenarten, ihrer Lebensweise und ihrer Waffen von großem Interesse.

1. Fische.

Fischreste sind unter dem Beutematerial der Altpaläolithiker außerordentlich selten, sie fehlen weitaus den meisten, ja man darf sagen, fast allen altpaläolithischen Kulturschichten. Unter den deutschen Fundplätzen hat nur die große Fundschicht im Kalktuff von Taubach einige Fischwirbel geliefert, die, allerdings nicht mit absoluter Sicherheit, als Beutereste des Menschen in Anspruch genommen werden dürfen. Gerade hier in unmittelbarer Nachbarschaft eines auch damals sicher fischreichen Flusses ist die außerordentliche Seltenheit von Fischresten sehr bemerkenswert; zumal mit einem vorzeitigen Vergehen, einer ungünstigen Überlieferungsmöglichkeit zarter Knochen bei dem zur Konservierung sehr geeigneten Gestein der Fundschicht nicht gerechnet werden kann. Ebensowenig kann lässiges, kleinere Objekte nicht beachtendes Aufsammeln der Fundstücke die Ursache sein für das so gut wie vollständige Fehlen von Fischresten unter dem geborgenen Knochenmaterial, denn in den zahlreichen und reichhaltigen Fundschichten im Kalktuff von Ehringsdorf, die sehr genau und häufig unter Kontrolle von Fachleuten abgesammelt werden, haben sich Fischreste nicht gefunden. Diese Tatsache kann schließlich auch nicht, und darauf möchte ich hier schon hinweisen, damit erklärt werden, daß der Mensch die Fische gleich an der Fangstelle roh gegessen hat, was bei einigen primitiven Jägerstämmen der Gegenwart gelegentlich vorkommt. Wo Fangplatz und Lagerplatz so nahe beieinander gelegen haben, wie es bei Taubach und Ehringsdorf damals der Fall gewesen sein müßte, da kann ein Aufzehren der rohen Fischbeute abseits vom Lager- und Feuerplatz niemals die Regel gewesen sein. Und dasselbe gilt, vielleicht in noch höherem Maße für die altpaläolithische Fundschicht im Tonlager von Rabutz[8]): Wie zahlreiche Funde von Hechten (Esox lucius) im Ton unter der Fundschicht beweisen, hat hier ehemals ein recht fischreicher See bestanden, an dem die Jäger wiederholt gerastet und ihre Jagdbeute zerlegt und gebraten haben. Und doch ist kein Fischrest aus der eigentlichen Fundschicht zutage gekommen. Diese Tatbestände, deren prinzipielle Bedeutung in Anbetracht des großen bisher untersuchten Beutematerials aus west- und mitteleuropäischen altpaläolithischen Stationen durch gelegentliche neue Fischrestfunde nicht geschmälert werden könnte, beweisen, daß der Altpaläolithiker, der Neandertalmensch, Fischfang und Fischjagd planmäßig nicht, man darf sagen, überhaupt nicht getrieben hat. Daß seine Waffen und Geräte hierzu nicht geeignet gewesen seien, kann nicht als hinreichende Erklärung für diesen

[8]) W. Soergel, Der Rabutzer Beckenton. Geologie, Paläontologie, Biologie. Veröffentl. des Provinzialmuseums zu Halle a. S. 1920.

merkwürdigen Befund gelten. Denn eine ganze Anzahl von Fischarten unserer Gewässer, und zwar bis zu Längen von über 40 cm, lassen sich leichtlich mit der Hand fangen, und im Gebiet unkorrigierter Flüsse und Bäche sind leicht kleinere Wasseradern oder Altwässer so abzudämmen, daß die abgesperrten Fische ohne besondere Waffen und Gerätschaften herausgeholt werden können. Beide Methoden werden in verschiedenen Varianten von heutigen primitiven Stämmen überall geübt. Nur von den ausgerotteten Tasmaniern wird angegeben, daß sie keinen Fischfang getrieben hätten; über diesen Stamm sind aber so widersprechende Mitteilungen veröffentlicht worden, daß man auch diese Angabe nur mit Skepsis betrachten und sie nicht zur Grundlage besonderer Vergleiche machen kann.

Daß dem Neandertalmenschen die übrige Tierwelt hinreichend Nahrung gab, er also auf Fische, gewissermaßen freiwillig, verzichten konnte, ist völlig unwahrscheinlich. Denn das Erjagen der größeren Säugetiere war für ihn, wie wir später sehen werden, recht mühevoll und gefährlich, so daß der Verzicht auf den ungefährlichen und müheloseren Fischfang ganz unverständlich erschiene. Zum anderen wissen wir von heutigen primitiven Stämmen, daß sie alles Eßbare zu erlangen trachten und eine Abwechselung im Küchenzettel durchaus nicht unterschätzen. Der vollständige Verzicht auf eine auch ohne besondere Mühe erfolgreich zu betreibende Jagdart beim Neandertalmenschen, der einen viel schwereren Kampf um seine Existenz zu führen hatte als heutige primitive Stämme, muß deshalb unbedingt tiefere Ursachen haben. Und zwar kann bei einer solchen, im ganzen so tiefstehenden Menschenart nur eine natürliche, nicht eine aus abergläubischen Vorstellungen allein fließende Ursache in Frage kommen. Vielleicht darf man sie sehen in einer besonderen Abneigung des Neandertalmenschen gegen das flüssige Element, in dessen Nähe er wohl sehr häufig vor tierischen und menschlichen Feinden schutzbietende Lagerplätze suchte, mit dem er aber eine intensivere Berührung möglichst vermied. Diese Auffassung könnte eine gewisse Stütze darin erhalten, daß der Neandertaler nach seinen körperlichen Eigenschaften kein besonderer Freund des Wassers gewesen sein kann: er kann kein guter Schwimmer gewesen sein. Der plumpe und schwere Knochenbau, der unverhältnismäßig große, nach vorn gebeugt getragene Schädel müssen die Schwimmfähigkeit recht ungünstig beeinflußt haben. Dürfen wir in der Scheu vor dem Wasser den Grund erblicken für den sonst ganz unverständlichen Verzicht auf den Fischfang, dann würde sich gerade für die Menschenart, die in verschiedenen körperlichen Merkmalen (z. B. große, runde Augenhöhlen, starke, ineinander fließende Überaugenwülste, Art resp. Reihenfolge des Zahnersatzes) anthropoide Züge trägt, auch in einem biologischen Zug eine auffällige Parallele mit den Menschenaffen ergeben. Denn auch diese scheuen in der freien Natur, wie überhaupt viele Affen, eine intensivere Berührung mit dem Wasser in hohem Maße; nirgends wird von Menschenaffen berichtet, daß sie schwimmen oder daß sie schreitend nicht zu tiefe, breitere Wasserläufe überqueren. Dagegen wissen wir, daß größere, nicht im Astwerk der Bäume zu passierende Flüsse für sie sehr beträchtliche, ja unüberwindliche Hindernisse bilden, daß solche das Verbreitungsgbiet stark zergliedernden Flüsse den dauernden Konnex innerhalb des Bestandes einer Art (Orang Utan) so weitgehend unterbunden haben, daß es zur Rassen- resp. Unterartbildung in verhältnismäßig junger Zeit gekommen ist.

Besteht unsere Auffassung zu Recht, so liegt weiterhin der Gedanke nahe, daß vielleicht eine über das sonst beim Menschen übliche Maß weit hinausgehende oder sogar eine anders verteilte starke Behaarung des Neandertalmenschen dessen Wasserscheu wesentlich mitbedingt hat. Mit rein menschlichen Verhältnissen wird man bei dieser in der Mischung anthropoider und menschlicher Züge so merkwürdigen Menschenart auch hier keineswegs von vornherein rechnen dürfen.

Wie dem aber auch sei, übersehen werden darf die auffällige Tatsache, daß der Neandertaler keinen Fischfang getrieben hat, nicht; besonders deshalb nicht, weil er in diesem Verhalten ganz isoliert steht gegenüber allen jüngeren Menschenrassen. Denn alle primitiven Stämme der Gegenwart fischen, soweit ihnen ihr Wohn- und Wanderbereich Gelegenheit bietet, und auch die Menschenrassen des Jungpaläolithikum sind nebenher Fischer, zum Teil sogar recht eifrige Fischer gewesen. Vom Aurignacien an sind Fischreste in der Beute nicht mehr so selten. Neben dem Handfang gestatteten Knochenharpunen ein Speeren, Haken aus Knochen und Geweih ein richtiges Angeln der Fische. Mit der höchsten Entwicklung der Knochen- und Geweihbearbeitung im Magdalénien erreichten auch Fischjagd und Fischfang ihren Höhepunkt. Einen bedeutenden oder gar ausschlaggebenden Anteil an der Gesamtbeute haben die Fische aber auch in dieser Periode nicht besessen; immerhin waren sie ein wichtiges, planmäßig beschafftes Nahrungsmittel, zu dessen Erwerb eigene Geräte, Angelhacken, Harpunen mit Schaftöse gefertigt wurden, das auch in den Musestunden den jungpaläolithischen Jäger beschäftigte, wie einige Gravierungen beweisen, in denen Forelle, Hecht und Salm erkannt werden konnten.

2. Vögel.

Ein ähnlicher Unterschied zwischen Alt- und Jungpaläolithikum, wie wir ihn eben für Fischfang und Fischjagd kennen gelernt haben, besteht bezüglich der Vogeljagd. Vogelreste gehören in den altpaläolithischen Stationen, jedenfalls im zweifellosen Beutematerial des Neandertalmenschen zu den größten Seltenheiten. In den reichen Fundschichten des Kalktuffgebietes von Weimar-Ehringsdorf-Taubach sind nur ganz wenige Knochenreste von Vögeln gefunden worden; in der Fundschicht im Tonlager von Rabutz nur ein Knochen und einige Knochenfragmente. In Krapina fanden sich nur zwei Knochen eines Hühnervogels und mehrere Knochen eines großen Raubvogels (Adler?). Häufiger sind Vogelreste gelegentlich im Verband altpaläolithischer Fundschichten angetroffen worden, die unter Felsdächern oder in oben offenen Spaltenhöhlen entstanden sind. Die Moustérienschicht des Sirgenstein hat mehrere Knochen vom Moorschneehuhn (Lagopus albus) und vom Alpenschneehuhn (Lagopus alpinus) geliefert. Hier ist aber gar nicht zu beweisen, daß es sich um menschliche Beutereste handelt. Viel wahrscheinlicher ist für diese Stelle die Deutung der Vogelknochen als Gewöllreste von Raubvögeln, zumal beide Vogelarten in der nächst jüngeren Schicht des Sirgensteinprofils, der unteren Nagetierschicht, die sich ausschließlich aus Gewöllresten von Raubvögeln, vielleicht auch Beuteresten des Eisfuchses zusammensetzt, sehr zahlreich vertreten sind. Im' eiszeitlichen wie im zwischeneiszeitlichen Beutematerial der altpaläolithischen Jäger Europas fehlen Vogelreste so gut wie ganz. Die sehr geringen Spuren, die hier und dort nachweisbar sind, können eine planmäßige Jagd nicht erweisen, sie deuten nicht einmal auf Gelegenheitsjagd, erklären sich vielmehr zwanglos aus dem Umstand, daß streifenden Jägern auch einmal ein kranker oder von kleinen Raubtieren gebissener Vogel in die Hände fallen muß.

Auch hier beanspruchen die Befunde im Kalktuffgebiet von Weimar-Ehringsdorf-Taubach entscheidende Bedeutung. Nach Ausweis von Vogeleiern, die im Kalktuff, aber nicht im Bereich der durch den Menschen enstandenen Fundschichten, gefunden worden sind, waren eine ganze Anzahl verschiedener Wasservögel vorhanden, die im Röhricht der Kalktuff absetzenden Weiher nisteten. In Analogie mit ähnlich wassereichen Gebieten der Gegenwart dürfen wir annehmen, daß im Ilmtalgebiet zwischen Taubach und Weimar sogar ein reiches Vogelleben geherrscht haben wird. Wenn trotzdem in der Beute des Jägers Vögel und gerade die jagdbaren, zum Teil in Eiern nachgewiesenen Arten, der Wildschwan, die Wildgans, die Wildente fehlen, so ist offensichtlich Vogeljagd nicht getrieben worden. Und in gleicher Weise hat der Altpaläolithiker an dem sicher ebenfalls vogelreichen Rabutzer See diese reiche Nahrungsquelle ungenutzt gelassen.

Dieser völlige Verzicht auf Vogeljagd, auf Erbeuten eines zu allermeist nicht wehrkräftigen Wildes, ist wiederum sehr bezeichnend für den Neandertalmenschen und unterscheidet ihn von allen primitiven Jägerstämmen, die in vogelreichen Revieren leben. Auch von dieser Jagd kann ihn nur ein sehr gewichtiger Grund abgehalten haben. Zwei Erklärungen scheinen möglich. Hat er geeignete Wurfwaffen, etwa Bumerang ähnliche Wurfkeulen oder einfache Steinschleudern — und auf die letzteren könnten in französischen und spanischen Moustérienstationen gefundene Steinkugeln hindeuten — besessen, so hätte er sie nur auf die im Wasser schwimmenden oder die auffliegenden, nicht auf die im Röhricht versteckten Vögel anwenden können. Er hätte also die erlegte Beute aus dem Wasser holen müssen. Ist unsere oben geäußerte Auffassung von einer Wasserscheu des Neandertalers richtig, so hätte sie ihn ebenso von solcher Vogeljagd wie von der Fischjagd abhalten müssen. Unverständlich aber bliebe, daß er auch Landvögel, die doch ebenfalls in der letzten Zwischeneiszeit vorhanden waren und in der letzten Eiszeit nach Ausweis der Funde sogar sehr häufig gewesen sein müßen, vollständig verschont hat. Diese Tatsache beweist, daß nur in einer mangelhaften Bewaffnung der Grund für den vollständigen Verzicht auf Vogeljagd gesehen werden kann. Ich glaube deshalb nicht, daß der Neandertaler über Bumerang ähnliche Wurfhölzer oder über Steinschleudern von nur einiger Treffsicherheit verfügte; an den Besitz von Pfeil und Bogen ist natürlich nicht im entferntesten zu denken. Aber auch Fallen- und der einfache Schlingenfang müssen ihm unbekannt gewesen sein, denn gerade der letztere hätte, wie die Wasservogeljagd heutiger einfacher Jägerstämme beweist, in der letzten Zwischeneiszeit mit größtem Erfolg im Ilmtal der Gegend von Weimar angewendet werden können; er hätte in glazialen Zeiten dem Jäger auf Schneehuhn und Birkhuhn, wie heute noch im skandinavischen Norden, reiche Beute gebracht.

Keine Spur dieser mühelosen, auch dem nomadisierenden Jäger möglichen und heute noch von ihm geübten Jagd ist nachweisbar.

So erscheint uns der Neandertalmensch, der Träger der altpaläolithischen Kulturen, als ein außerordentlich einfach struierter Jäger von sehr engem Gesichtskreis; seine geistigen Fähigkeiten, die uns die Jagd am vollständigsten wiederspiegelt, durchaus adäquat dem fast tierischen Gesichtsausdruck, den wir aus dem Schädel erschließen können; in seiner geistigen Beweglichkeit und Spannweite keineswegs vergleichbar mit den primitiven Jägerstämmen der Gegenwart und ebensowenig denen des Jungpaläolithikums.

Der Eintritt des Jungpaläolithikums, das Erscheinen der Rasse von Aurignac und später der Cro-Magnon-Rasse in Europa, bedeutet für die Vogeljagd einen, wenn auch keinen tief einschneidenden Wechsel. Auch jetzt noch spielen Vögel in der Beute eine recht untergeordnete Rolle, aber eine größere Anzahl von Vogelarten ist doch gelegentlich, eine sehr kleine Anzahl in planmäßiger Jagd erbeutet worden. Wir können unsere Erörterungen auf die Arten beschränken, die durch wiederholtes sehr häufiges Vorkommen im Beutematerial auf eine planmäßige Jagd hindeuten; nur bei ihnen beansprucht die Frage nach der Jagdmethode ein höheres Interesse. Selten gefundene Arten können und werden wohl auch meist Zufallsbeute sein, aus der Schlüsse auf bestimmte Jagdmethoden nicht abgeleitet werden können, denn der wilde, stets aufmerksame und „schußbereite“ Jäger trifft auf seinen Streifen gelegentlich alle möglichen, sonst für ihn nicht jagdbaren Tiere in solcher Situation, daß er sie mit an sich ungeeigneten Waffen erbeuten kann. Den Erfolg verdankt er einer zufälligen Situation, nicht eigentlich seinen Waffen und einer bestimmten Jagdmethode. Und solcher Beute sind die meisten nachweisbar oder wahrscheinlich von Menschen erlegten Vögel in den jungpaläolithischen Kulturschichten zuzurechnen. Eine Ausnahme bilden nur das Moorschneehuhn (Lagopus albus) und das Schneehuhn (Lagopus alpinus). Und auch hier ist das Material der Fundschichten dort, wo neben Vogelresten Reste kleiner Säuger, besonders Nager häufig sind, wo überhaupt die ganze Situation die Möglichkeit offen läßt, daß Raubvogelgewölle in die Schicht hineingeraten sein können, mit großer Vorsicht zu benutzen. Die ungeheure Zahl von Schneehühnern (3112) und von Moorschneehühnern (2960), die in den Magdalénienschichten der Felsnische

Pilisszántó in Ungarn von Kormos[9]) gefunden worden ist, muß wie Lambrecht gezeigt hat, ausschließlich auf das Konto von Raubvögeln gesetzt werden. Das gleiche dürfte für die große Menge von Schneehühnern in der Magdalénienschicht des Schweizersbildes gelten, wenngleich hier — am Schweizersbild haben sich „sehr zahlreiche Knochen des ganzen Skeletts" (Studer[10]) gefunden — vielleicht ein Teil der menschlichen Beute zugehören könnte. An anderen Fundstellen kann der Mensch mit höherer Wahrscheinlichkeit, selten aber mit wirklich absoluter Sicherheit als Jäger in Anspruch genommen werden. In der Kastlhänghöhle[11]) im Altmühltal lagen die Beutereste des Magdalénienjägers tief im Innern der oben geschlossenen Höhle. Hier werden die in der Kulturschicht gefundenen Reste des Alpen- und Moorschneehuhns als Beute des menschlichen Jägers betrachtet werden können, wenn auch eine Mitwirkung des häufig gefundenen Eisfuchses keineswegs auszuschließen ist. Ebenso wird man in Predmost die durch die ganze Kulturschicht verteilten Schneehuhnreste, wenigstens zum Teil dem menschlichen Jäger zuschreiben können. Für die Schneehuhnreste im Keßlerloch, die wie die Knochen sicherer menschlicher Beutetiere, zerschlagen sind, vertritt Hescheler[12]) mit Bestimmtheit die Auffaßung, daß sie der menschlichen Beute zugehören. Eine planmäßige Jagd auf Alpen- und Moorschneehuhn ist also immerhin wahrscheinlich, sie ist aber nur für sehr wenig Fundorte mit den der Literatur zu entnehmenden Angaben über Fundumstände, Erhaltungszustand der Knochen usw. wirklich zu beweisen; auffallend bleibt jedenfalls die Tatsache, daß nirgends angebrannte Schneehühnerknochen erwähnt werden, daß stets dort, wo Schneehühner häufig sind, entweder zahllose Reste kleiner Nager gefunden werden, die die Bedeutung der Raubvogeljagd für die Zusammensetzung des Knochenmaterials beweisen, oder Eisfüchse und Füchse, die besonderen Feinde der Schneehühner, häufig sind, oder beides zusammen trifft. Wir dürfen

---

[9]) Th. Kormos. Die Felsnische Pilisszántó. Mitt. aus d. Jahrb. d. Kgl. ungar. geol. Reichsanstalt. XXIII. Bd. 6 H. 1916.

[10]) Th. Studer. Die Tierreste aus den pleistocänen Ablagerungen des Schweizersbildes bei Schaffhausen in Nüesch, Das Schweizersbild. 1896.

[11]) J. Fraunholz und H. Obermaier. Die Kastlhäng-Höhle, eine Rentierjägerstation im bayr. Altmühltale. Beiträge zur Anthropol. u. Urgeschichte Bayerns. XVIII. Bd. 1911.

[12]) C. Hescheler. Die Tierreste im Keßlerloch bei Thaingen, in J. Heierli Das Keßlerloch bei Thaingen. Denkschrift d. Schweiz. naturf. Gesellsch. Bd. XLIII. 1907.

aber trotz dieser bedenklichen Momente wenigstens mit einer zeit- und stellenweise planmäßig geübten Schneehuhnjagd rechnen; wir tun das hier noch aus einem besonderen methodologischen Grund: Aus den möglichen Jagdmethoden auf eine Tierart lassen sich auf die Bewaffnung der Jäger Schlüsse ableiten, die aus dem Artefaktmaterial allein nicht zu gewinnen sind. Will man sich vor einer Unterschätzung dieser Jäger und ihrer Waffenkultur hüten — und der Kulturmensch, der dem Gedankenkreis und den Erfindungsmöglichkeiten primitiver Jäger so fern steht, ist leicht geneigt zu unterschätzen, — so ist es richtiger in nicht ganz sicheren Fällen mit einer Jagd zu rechnen, als sie abzulehnen. Ist das Endergebnis für die Waffenkultur bei Annahme oder Ablehnung der Jagd gleich, so bedeutet eine Argumentation auf der Basis der Annahme doch stets eine vollständige Sicherung dieses Ergebnisses.

Die Schneehuhnjagd erforderte keine besonderen Waffen. Die erstaunliche Häufigkeit der Moorschneehühner „gewährt dem nur einigermaßen geschickten Jäger ergiebige Ausbeute". Die Nordländer jagen sie leidenschaftlich, vor allem im Winter mit Netzen und Schlingen. „Man kennt die Lagerstelle des Wildes und stellt hier zwischen dem Birkengestrüpp, zu welchem die Hühner der Äsung halber kommen müssen, mit dem besten Erfolg sein Fangzeug auf"[13]). Solche Schlingenjagd ist auch für die Jungpaläolithiker die wahrscheinlichste, die vielleicht gerade im Winter, wenn andere Jagd zu beschwerlich oder unmöglich wurde, diesem kleinen Wild sich zuwandten. An Pfeil und Bogen darf auch hier für die Jungpaläolithiker nicht gedacht werden. Denn der Besitz dieser Waffe hätte ihnen eine große Anzahl jagdbarer Vögel erreichbar gemacht, hätte unbedingt zu einer planmäßigen Vogeljagd auf vielerlei Art führen müssen, von der im Beutematerial nichts nachzuweisen ist. Die bescheidene Rolle, die Vögel im Haushalt der Aurignacien- und Magdalénienjäger gespielt haben, schließt für beide den Besitz von Waffen aus, die ohne starke, vorsichtiges Kleinwild scheuchende Bewegung des Jägers eine große Fernwirkung und Treffsicherheit besaßen. Die Jäger haben den Wurfpfeil, aber offensichtlich nicht den Bogen gekannt.

3. Kleinere Säugetiere.

Auch unter den kleineren Säugetieren können nur diejenigen hier berücksichtigt werden, die durch häufiges Vorkommen im Beute-

---

[13]) Zitate über Lebensweise, Wehrkraft usw. der einzelnen Tiere sind, wo nichts besonderes bemerkt, stets dem Brehm entnommen.

material auf eine planmäßige Jagd hindeuten. Arten, die selbst in sehr reichen Fundschichten nur in ein oder zwei Individuen vertreten sind, können im Sinne unserer früheren Ausführungen bei der Vogeljagd nur als Gelegenheits- oder Zufallsbeute betrachtet werden, die für Erörterung von Jagdmethoden ungeeignet ist. Als wirkliches Jagdwild des Menschen können dann nur sehr wenige Arten gelten.

Die unter eiszeitlichem Klima bei uns heimischen Altpaläolithiker, ein Teil der Acheuléen- und der Moustérienjäger, haben kleinere Säugetiere überhaupt nicht gejagt. In der letzten Zwischeneiszeit ist nur der Biber, als einziger Kleinsäuger, Beute des Neandertalmenschen gewesen. In der großen Fundschicht im Kalktuff von Taubach sind die Reste von etwa 60 Bibern gefunden worden. Auch in Krapina ist er in dem überlieferten Knochenmaterial „verhältnismäßig häufig", vielleicht aber nicht in jedem Fall — das gilt für die Biberfunde aus der untersten Schicht — als Beute des Menschen zu betrachten.

Diese Biberjagd läßt nicht voraussetzen, daß der Neandertaljäger entgegen unserer bei der Fischjagd gewonnenen Auffassung sie im Wasser geübt hätte. Die Biber suchen ihre Nahrung, die ja die nächste Nachbarschaft am Flußufer keineswegs lange Zeit allein liefern kann, zumeist auf dem Lande. „Haben sie gesichert, so steigen sie ans Land und gehen 50 Schritt und noch weiter vom Flusse ab, um Bäume zur Äsung oder zu ihren Bauten abzuschneiden." Ihre Bewegungen auf dem Lande sind dabei sehr unbeholfen. „Beim Gehen wird ein Bein um das andere bewegt; denn der fast auf der Erde schleifende Bauch läßt eine rasche, gleichmäßige Bewegung nicht zu. Bei größter Eile führt der Biber Sätze aus, welche an Plumpheit und Ungeschicklichkeit die aller übrigen mir bekannten Landsäugetiere übertreffen und ein wechselndes Aufwerfen des Vorder- und Hinterteils hervorbringen, trotz alledem aber fördern." Daß ein solches Tier auf dem Lande dem lauernden Jäger leicht zur Beute werden mußte, ist einleuchtend. Ein einfacher Holzspeer, vielleicht nur ein Stock oder eine Wurfkeule sind für solche Jagd völlig ausreichende Waffen. Es ist, soweit Waffen und Geschick des Jägers in Betracht kommen, die denkbar einfachste Jagd, die auf irgendein Säugetier möglich ist; und es ist wiederum sehr bebezeichnend für den Neandertaler, daß er nur diese Jagd auf kleineres Wild geübt und auf die Erbeutung anderer Kleinsäuger verzichtet hat.

In der Jagd der Jungpaläolithiker, sowohl der Aurignac- als der Cro-Magnon-Rasse haben kleine Säuger eine nur wenig größere Bedeutung besessen. Von kleineren Raubtieren finden wir nur den Fuchs (Canis vulpes), vor allem aber den Eisfuchs (Canis lagopus) häufig unter der menschlichen Beute. Beide dürften aber im allgemeinen nicht, wie einzelne Autoren meinten, des Fleisches halber. wohl auch nicht allein des Pelzes halber erlegt worden sein. Nur in Zeiten der Not wird der Mensch das keineswegs schmackhafte Wildpret verwertet haben; darauf weist der Erhaltungszustand der Knochen meistens hin: sie sind selten wie anderes Knochenmaterial zertrümmert, noch seltener angebrannt. Mir scheint die wesentlichste Ursache zu dieser Jagd in der Lebensweise, vor allem dem Charakter besonders des Eisfuchses zu liegen. Über die unglaubliche Zudringlichkeit, die der Eisfuchs in allen Gebieten seines Vorkommens zeigt, finden sich im Brehm ausführliche Angaben. Es ist vorgekommen, daß er nachts die den Jäger einhüllenden Renntierdecken annagte; unter Tags folgt der dummdreiste Räuber den Jägern unausgesetzt und läßt sich weder durch Steinwürfe noch durch Flintenschüsse vertreiben. Man darf darnach annehmen, daß der Eisfuchs um die Lagerplätze der jungdiluvialen Jäger häufig herumlungerte, daß er wieder und wieder versuchte, an die Abfälle der menschlichen Mahlzeiten heranzukommen, sich bei vorübergehender Abwesenheit der Jäger sofort über die Abfallhaufen hermachte und hier vom zurückkehrenden Jäger regelrecht vertrieben werden mußte. Ein solches Tier mußte den Jägern häufig zur Beute werden; es war mit Stock, Wurfkeule und Speer einfach zu erlegen.

In höherem Sinne ist von den kleineren Säugern nur einer, der Schneehase (Lepus variabilis) Beutetier der jungpaläolithischen Jäger gewesen. Wie bei den Schneehühnern ist allerdings auch hier vielerorts damit zu rechnen, daß die überlieferten Knochenreste Gewöllen von großen Raubvögeln entstammen. Bei einer ganzen Anzahl von Fundstellen, vor allem der Magdalénienstation am Schweizersbild, wo Schneehasenreste sich außerordentlich häufig gefunden haben, beweist aber die Aufspaltung der Knochen und das Zurücktreten junger Tiere, die unter Raubvogelbeute überwiegen müßten, daß der Schneehase als menschliche Beute zur Lagerstelle gelangt ist. Zu diesen Fundstellen dürfen außer dem Schweizersbild (mit über 100 Schneehasen) noch das Keßlerloch (mit 500 Schneehasen), die Kastlhänghöhle im Altmühltal, die Byciscala in Mähren, von freien Stationen Predmost gerechnet werden; überall ist mindestens ein Teil der meist sehr zahlreich vertretenen Schneehasen von Menschen erbeutet worden.

Auf den Besitz besonders weittragender Schußwaffen (Pfeil und Bogen) deutet auch die Schneehasenjagd nicht hin. Mit Speer und Wurfpfeil wird der Jäger allerdings den Schneehasen nicht haben jagen können. Möglicherweise hat er wie gegen das Schneehuhn so hier vorrherrschend Schlingenfang geübt, vielleicht aber auch eine feiner gearbeitete Wurfkeule benützt. Bumerang ähnliche Wurfkeulen sind für Niederjagd sehr geeignet, wir finden sie bei heutigen Jägerstämmen in weiter Verbreitung und noch heute dienen sie den Pueblo-Indianern in Neu-Mexico zur Jagd auf Kaninchen.

Daß der in zwei Eiszeiten bei uns heimisch gewesene Neandertaler diese Schneehasenjagd nicht betrieben hat, deutet ebenso wie der Verzicht auf jede Vogeljagd darauf hin, daß er besser gearbeitete, weitreichende Wurfkeulen nicht besaß und auch den Schlingenfang nicht kannte.

Wir sehen im Ganzen, daß kleineres Wild für die Küche der Paläolithiker nur eine geringe Bedeutung besessen hat. Die Hauptnahrungsquelle bildete stets die Großtierwelt, die uns in ihren Beziehungen zum paläolithischen Jäger in den nächsten Abschnitten beschäftigen soll.

V. Die Jagd des diluvialen Menschen auf das mittlere Grosswild.

Unter der höchstwahrscheinlich zutreffenden Voraussetzung, daß die Altpaläolithiker vollständig aus Holz gefertigte Speere besaßen, erscheint mir ihre Jagd resp. ihre Jagdmöglichkeit auf mittleres Großwild heute in einem etwas günstigeren Lichte als früher. Doch ist unbedingt, besonders nach den Ergebnissen des vorhergehenden Abschnitts, daran festzuhalten, daß wir mit sehr einfachen Jagdmethoden rechnen müssen und keineswegs ohne weiteres die Jagdmethoden heutiger primitiver Stämme, auch nicht die einfachen, in ihrer Gesamtheit für den Altpaläolithiker annehmen dürfen. Für den Jungpaläolithiker dagegen, der eine kulturelle Höhe über Tasmaniern und Australiern besessen hat und darin etwa den Eskimos entsprach, ehe sie mit dem geschmiedeten Eisen Bekanntschaft machten, dürfen wir alle einfachen unter den Jagdmethoden heutiger primitiver Stämme unbedenklich voraussetzen.

Jedenfalls gestatteten die Holzwaffen schon dem altpaläolithischen Jäger, dem wir die gleiche erstaunliche Unerschrockenheit zusprechen dürfen, wie wir sie von primitiven Jägerstämmen der Gegenwart kennen, eine Angriffsjagd auf manche Arten des mittleren Großwildes, auf Pferd, Bison, Auerochse und alle Arten von Hirschen. Fallgrubenfang wird auf diese Tiere deshalb nicht in dem ausschließlichen Maße geübt worden sein, wie ich früher anzunehmen geneigt war.

Das Ausmaß der menschlichen Jagd auf die genannten Arten resp. die Beteiligung dieser Arten an der menschlichen Jagdbeute bleibt dabei natürlich die gleiche, wie ich sie 1912 auf Grund des tatsächlich gefundenen Materials geschildert habe. Für das Problem des Erlöschens großer diluvialer Säuger, das Problem des Aussterbens, ist die Annahme von weitertragenden, spitzen Holzwaffen schon in altpaläolithischer Zeit und ihre Folgen überhaupt belanglos. Denn gerade diejenigen Tiere, auf die mit Erfolg diese Holzwaffen benutzt werden konnten, also Bison, Auerochse, Edelhirsch, Pferd, Reh, Elch, Rentier, Riesenhirsch haben, abgesehen vom Riesenhirsch, den paläolithischen Jäger überlebt und zur neolithischen, ja historischen Zeit Mittel- und Nordeuropa in großen Beständen bewohnt. Die einzige am Ende der Diluvialzeit resp. in der älteren Postglazialzeit erloschene Art dieser Größengruppe, der Riesenhirsch, ist nachweislich sehr selten Jagdbeute des Menschen gewesen.

Im einzelnen müssen die Jagdmethoden der Paläolithiker auf die Arten des mittleren Großwildes natürlich sehr verschieden gewesen sein. Die Jagd mit einfachen Waffen erfordert volle Ausnützung der Lebensgewohnheiten des Wildes, genaue Kenntnis seiner Wehr- und Fluchtkraft und weitgehendste Anpassung der Jagdmethode an den speziellen Charakter der Landschaft, in der eine Tierart heimisch ist, und an die jeweilige Jahreszeit. Erst sehr starke Waffen machen den Jäger in hohem Maße unabhängig, wenigstens von der Stärke des Wildes und mancherlei Besonderheiten des Wohnbereichs und leiten eine Nivellierung der Jagd ein. Die paläolithische Jagd muß deshalb ebenso abwechslungsreich gewesen sein, wie wir sie von heutigen primitiven Jägerstämmen kennen; jede der angewandten Jagdmethoden war das Ergebnis aus vielartigen Erfahrungen. Das alles beherrschende Prinzip aber war die Rentabilität, das Verhältnis zwischen Leistung und Gefährdung des Jägers und der Wahrscheinlichkeit des Erbeutens. Deshalb sind keineswegs alle Arten des mittleren Großwildes Beutetiere des Menschen gewesen: manchen konnte der paläolithische Jäger nur unter besonders günstigen Umständen entgegentreten, sie waren nur Gelegenheitsbeute, anderen war er mit seinen Waffen in kaum einer Situation gewachsen.

Wir werden uns im folgenden nur mit denjenigen Arten näher beschäftigen, die durch häufiges Vorkommen in der Beute mehrerer Fundstellen, oder durch spärlicheres, aber regelmäßiges Vorkommen in der Beute zahlreicher Fundstellen als in planmäßiger Jagd erlegte Beutetiere des Menschen erwiesen sind. Wir übergehen, was nur seltene, nur Gelegenheitsbeute war, denn es läßt weder auf die Jagdmethode noch auf die Waffenstärke der Jäger Schlüsse zu. Dahin gehören unter den Raubtieren der Löwe, der Panther, die Hyänen, der Luchs; unter den Pflanzenfressern vor allem der Steinbock und die Gemse, in deren, an anderen seiner Beutetiere meist ärmeren, damals allerdings tiefer als heute herabreichenden Revieren, der Mensch nur selten erschien, und die durch ihre sehr beträchtliche Fluchtkraft eine planmäßige, auf rentable Methoden gestützte Jagdmethode von vornherein ausschlossen. Unberücksichtigt bleibt schließlich auch die Saigaantilope, die, obwohl sie in der freien Steppe in Rudeln, im Herbst sogar in sehr starken Herden lebt, also zum Nahrungserwerb jagende Nomaden wohl hätte zur Jagd reizen können, nur sehr selten erbeutet worden ist.

1. Die großen Raubtiere.

Die großen Raubtiere sind nur mit wenigen Ausnahmen Beutetiere des Menschen in dem Sinne gewesen, daß eine planmäßige Jagd auf sie betrieben wurde. Löwe, Panther und die Hyänen sind unter dem menschlichen Beutematerial in so verschwindend wenigen Fällen gefunden worden, daß der Schluß, der Mensch habe sie nur in Notwehr angegriffen, unabweisbar ist. Das gleiche gilt für den Wolf, dessen Knochen und Gebißreste unter der menschlichen Beute im allgemeinen äußerst selten sind. Nur an einigen Stellen im Löß Niederösterreichs und Mährens, wo der Wolf wie heute im südlichen Rußland in großen Rudeln gelebt und gejagt haben muß, ist er häufiger im Beutematerial vertreten. Eine planmäßige Jagd wird aber auch hier nicht auf ihn stattgefunden haben: der Mensch hat ihn zumeist wohl nur dann erlegt, „wenn er in ihm einen unangenehmen Konkurrenten der eigenen Jagd fühlte und von ihm belästigt wurde. Das gilt im besonderen von Predmost, wo er die herumschweifenden, immer hungrigen Räuber teils in Fallgruben gefangen, teils wohl mit primitiven Schlagwaffen — im südlichen Rußland werden noch heute Wölfe mit Stöcken erschlagen, die vorn mit einer eisernen oder bleiernen Kuppe beschwert sind — von der eigenen Beute und dem Mammutleichenfeld vertrieben haben mag.“ (Soergel 1912.)

Von den großen Raubtieren sind nur die Bären im wahren Sinne des Wortes Beutetiere des Menschen gewesen. In sehr bescheidenem Ausmaße trifft das zu für den gewaltigen Höhlenbären. Auch in den vom Menschen einmal bewohnt gewesenen Höhlen gehören die meisten Bärenreste natürlich eingegangenen Tieren an, nur selten ist der Beweis zu führen, daß die Reste von Menschen erlegten Tieren angehören. Ganz sicher scheint das, abgesehen von wenigen Einzellfällen, zu sein für den Sirgenstein, wo nach R. R. Schmidt[14]) die Bärenreste der untersten, ein primitives Moustérien führenden Kulturschicht kulinarische Abfälle der Paläolithiker sind,

[14]) R. R. Schmidt, Die diluviale Vorzeit Deutschlands, Stuttgart 1912.

und für die Schipkahöhle in Mähren, wo die große Menge zerschlagener Knochen von jungen Höhlenbären den Menschen als Jäger erweist.

Die Jagdmethode wird in Anlehnung an die Szenerie der Landschaft eine einfache gewesen sein. An einen direkten Angriff war mit Holzwaffen anf ein so großes, durch einen dichten Pelz und über viele Monate des Jahres durch eine dicke Fettschicht geschütztes Tier nicht zu denken. Man wird den Höhlenbären beim Ein- und Auswechseln aus der Höhle von oben her mit Steinwürfen erschlagen, vielleicht durch Ausräuchern betäubte Tiere auch mit Erfolg angegriffen und überwältigt haben. In derartigen felsigen, in der Szenerie sehr wechselreichen Gebieten, in denen der Höhlenbär vorzugsweise zu Hause war, wird der erfahrene Jäger die verschiedensten Methoden zur Anwendung bringen können, die selbst mit primitiven Waffen einen Erfolg verbürgen.

Eine ungleich größere Rolle hat der braune Bär in der Beute der diluvialen Jäger gespielt. Das gilt besonders für die Altpaläolithiker von Taubach-Ehringsdorf, wo der braune Bär für Taubach mit 21,2, für Ehringsdorf mit 10 % an der Gesamtbeute beteiligt ist, dann für die Höhle Jachymka in Mähren, wo die aufgeschlagenen Knochen des Bären unter dem Beutematerial der Jungpaläolithiker durchaus vorherrschen.

Die Jagd hatte auch hier mit einem gewaltigen durch einen dichten Pelz geschützten Tiere zu rechnen. Wir wissen von unserem braunen Bären, dem Nachkommen des diluvialen Ursus arctos, daß er ein mißtrauisches, aber gutmütiges und wenig angriffslustiges Tier ist. Wird er aber selbst angegriffen, so kann er zu einem gefährlichen Gegner werden. Krementz, der lange Jahre den Bären in den Rokitnossümpfen in Wolhynien beobachtet und viel gejagt hat, sagt darüber:

„Der Angriff des Bären ist ein meist plötzlicher und rascher, wobei er entweder durch eine schnelle und heftige Seitenbewegung einer Vorderbrante den Gegner zu schlagen sucht, oder sich im raschen Trollen plötzlich in unmittelbarer Nähe des Gegners auf den Hinterbranten erhebt und durch einen heftigen Stoß mit den Vorderbranten den Feind niederzuwerfen sucht, oder aber er versetzt ihm einen kräftigen Schlag und Ruck und beißt mitunter noch rasch zu, hält sich jedoch, wenn Menschen und Hunde in der Nähe sind, nie lange bei seinem Opfer auf, sondern sucht das Weite."

Daß „die Bärenjagd zu dem gefährlichsten Waidwerk gehört" [15]), darüber sind sich die meisten Gewährsmänner einig, „kühles Blut und sichere Hand, gute und erprobte Waffen sind unerläßliche Erfordernisse eines Bärenjägers". „Gute Hunde, vor denen alle Petze eine ganz außerordentliche Furcht bekunden, bleiben unter allen Umständen die besten Gehilfen des Jägers".

So beurteilt man heute die Bärenjagd, heute, „wo die ausgezeichneten Schußwaffen, wo eine gutgeschulte, jedem Wink des Jägers gehorchende Hundemeute ein Entkommen des aufgespürten Wildes fast unmöglich machen." (Soergel, 1912.) Die Stellung des diluvialen Jägers, besonders des Altpaläolithikers erscheint bei solcher Wehrhaftigkeit des Wildes recht ungünstig. Sicher hat bei ihm Fallgrubenfang, wie er heute noch von Asiaten auf Bären getrieben wird, eine Rolle gespielt. Mit dem Grabstock, den wir schon dem Altpaläolithiker zugestehen müssen, können solche Gruben im Waldboden wohl schnell genug ausgehoben werden. „Daß der diluviale Mensch gerade diese Jagd beim Bären mit gutem Erfolg anwenden konnte, lehrt uns die Lebensweise dieses Tieres. „Wenn nicht beunruhigt, hält er seinen Wechsel fest und trifft an gewissen Punkten seines Standreviers alltäglich beinahe um dieselbe Stunde ein, so daß alte bärenkundige Buschwächter zuweilen wohl imstande sind, anzugeben, an welcher Stelle des Reviers die ihnen wohlbekannten Petze sich zu einer gewissen Tageszeit befinden". Daß die Taubacher Jäger „bärenkundige Buschwächter" waren und den Mangel ihrer Bewaffnung bis zu einem gewissen Grade durch reiche Erfahrung in der Lebensweise des Jagdtieres und durch List wettmachen konnten, müssen wir ihnen wohl zugestehen." (Soergel 1912.)

Neben Fallgrubenfang möchte ich eine Angriffsjagd, besonders für den Jungpaläolithiker, nicht ganz ausschließen. Der Mut einfacher Jäger, ihr Vertrauen in die eigene Kraft und Gewandtheit sind ganz erstaunlich. Ein Überfallen des Bären auf dem regelmäßig begangenen Wechsel, ein Angreifen zu mehreren mit starken Holzspeeren erscheint mir nicht unmöglich. Es könnte sogar, jedenfalls mit den Waffen der Jungpaläolithiker eine Jagd geübt worden sein, wie sie Pfizenmayer [16]) von den Tungusen in Nordostsibirien beschreibt: „Der Tunguse reizt den im Lager aufgefundenen

---

[15]) Zitate über Lebensweise, Wehrkraft usw. der einzelnen Tiere sind, wo nichts besonders bemerkt ist, stets dem Brehm entnommen.

[16]) E. Pfizenmayer. Unter tungusischen Jägern in Nordostsibirien, Wild und Hund. X. Jahrg. Nr. 34, 1909.

Bären durch Zurufe und indem er seine bissigen Hunde auf ihn hetzt, die den Bären stets von hinten zu attakieren suchen. Dem nun den Jäger wütend annehmenden Meister Petz stößt der flinke Tunguse, einer beabsichtigten Umarmung oder einem ihm zugedachten Brantenschlag gewandt ausweichend, seinen Spieß ins Herz, wobei er das freie Ende des Holzteils gegen die Erde stemmt, so daß sich der Bär durch seine eigene Wucht aufspießt. Gewiß ein deutliches Zeichen des Mutes dieser Urwaldsöhne, dem stärksten Raubtier des nordsibirischen Waldes, das den Jäger meist aufgerichtet um ein gutes Stück überragt, mit dieser einfachen Waffe zum Kampf entgegenzutreten". Auch ohne Hunde kann ein Bär zum Angreifen gereizt werden, und die mit langen Knochenspitzen bewehrten Speere der Jungpaläolithiker sind auch für solche Jagd durchaus tauglich gewesen. Der Altpaläolithiker wird mit seinen reinen Holzwaffen einem solchen Kampf, der nach Pfizenmayers Angaben auch bei den Tungusen nicht immer zugunsten des Jägers endigt, kaum gewachsen gewesen sein, jedenfalls einen solchen Kampf nicht gesucht haben. Fallgrubenfang und Überfall des Bären auf dem Wechsel mit Wurf- oder Stoßlanzen bleiben für ihn die allein möglichen resp. rentablen Jagdmethoden.

Die seltene Jagd auf den Höhlenbären, die mehr lokal oder zeitweise planmäßig betriebene Jagd auf den braunen Bären lassen die Tatsache unberührt, daß im allgemeinen die großen Raubtiere nur in geringem Maße an der menschlichen Beute beteiligt gewesen sind. Mit einer einzigen Ausnahme die aber beim Durchrechnen des gefundenen Materials vielleicht als nicht zu Recht bestehend sich erweist, der Höhle Jachymka, haben stets die Pflanzenfresser die Hauptmasse der Beute geliefert. Diese verschiedene Beteiligung ist auch bei stark bewaffneten Jägern stets deshalb zu erwarten, weil Pflanzenfresser in jedem Gebiet ungleich zahlreicher sind als Raubtiere, sie muß aber in besonderem Grade unbedingt dort eintreten, wo bei einfach bewaffneten Jägern die Wahl des Wildes in stärkstem Maße von der Wehrhaftigkeit der einzelnen Wildarten abhängig gewesen sein muß. Und diese Jagdauslese kommt auch in dem aus Pflanzenfressern sich zusammensetzenden Beuteteil noch deutlich zum Ausdruck: besonders wehrhafte Pflanzenfresser treten im allgemeinen in der Beute stark zurück, gewinnen nur lokal eine größere Bedeutung.

2. Wisent und Ur.

Das gilt zunächst für Wisent und Ur, von denen der erste zur Diluvialzeit in zwei verschiedenen Rassen, sowohl in Waldgebieten als in Steppengebieten, zu Hause war, also dem Menschen in Interglazial- und Glazialzeiten als Jagdwild zur Verfügung stand. Der Ur ist zu allen Zeiten nur selten Beute des diluvialen Jägers gewesen. Seine Darstellungen auf Höhlenbildern und Gravierungen sind bemerkenswerterweise auch ganz beträchtlich seltener als die des Wisent. Der Wisent ist in altpaläolithischer Zeit vor allem im Ilmtal bei Taubach-Ehringsdorf in größerer Zahl erlegt, er ist im Jungpaläolithikum Frankreichs, besonders in den Stationen des Aurignacien und Sokutréen zahlreich im Beutematerial des menschlichen Jägers gefunden worden. Die Bedeutung, die er zu dieser Zeit in Westeuropa für den Menschen besaß, geht schließlich auch aus den Höhlenbildern hervor, auf denen er einzeln und in Herden häufig dargestellt worden ist. Im allgemeinen hat er aber, ziehen wir West-, Mittel- und Osteuropa in Betracht, im Haushalt des Paläolithikers eine nur untergeordnete Rolle gespielt. Und wenn auch in jungpaläolithischer Zeit bei der Wahl des Wildes besondere Gesichtspunkte, Brauchbarkeit des Knochen- und Geweihmaterials zur Waffen- und Werkzeugfertigung mit im Vordergrund standen, so ist das starke Zurücktreten eines in großen Herden lebenden, sehr fleischreichen Wildes doch auffällig. Mir scheint in diesem Zusammenhang die Wehrhaftigkeit des Wildes volle Berücksichtigung zu verdienen. „Wildheit, Trotz und Jähzorn sind bezeichnende Eigenschaften auch dieser Wildrinder.“ „Ein gereizter Stier, dessen Wut keine Grenzen kennt, ist ein sehr bedrohlicher Gegner.“ Für die mit einfachen Holzspeeren bewaffneten Altpaläolithiker bedeutete „ein überall dichter und reicher, aus langen, meist gekräuselten Grannen und filzigen Wollhaaren bestehender Pelz“ eine die Waffenwirkung stark beeinträchtigende Schutzwehr. Außerdem darf das Größenverhältnis zwischen Wild und Jäger nicht übersehen werden. Während der diluviale Wisent beträchtlich größer und stärker war als die lebende europäische Art, sind die Neandertalmenschen auffallend klein gewesen und erreichten nur Körperhöhen von 1,6 m. Angriffsjagd wird in Anbetracht dieser Schutz- und Wehrkraft und der Größe des Wildes nicht die alleinige, jedenfalls nicht die herrschende Jagdmethode in altpaläolithischer Zeit gewesen sein; man wird den Wisent, wie die Magyaren des frühen Mittelalters, häufiger in Fallgruben erbeutet haben. Solche Fallgruben brauchen keineswegs in ihrer räumlichen Ausdehnung der Größe der Tiere entsprochen zu haben. Auch auf große Tiere sind heute alle möglichen Arten kleiner Fallgruben in Gebrauch, deren Wirkung sich auf ein Festhalten, Einklemmen, Einbrechen mit folgendem Knochenbruch beschränkt. Zahlreiche auf begangenen Wechseln und im weiteren Bereich der Tränken ausgehobene kleine Gruben und Löcher von bestimmter Gestalt und Bewehrung — und technisch ist ihre Herstellung dem Altpaläolithiker zweifellos möglich gewesen — werden stets einige, vor allem weniger gewitzte jüngere Tiere, wie sie im Tuffkalk von Taubach überwiegen, in die Hände des Jägers liefern. Sie erfüllten ihren Zweck vollkommen, wenn sie die Wehrkraft und die Fluchtkraft des einmal eingebrochenen Tieres dauernd oder auch nur eine Zeitlang minderten.

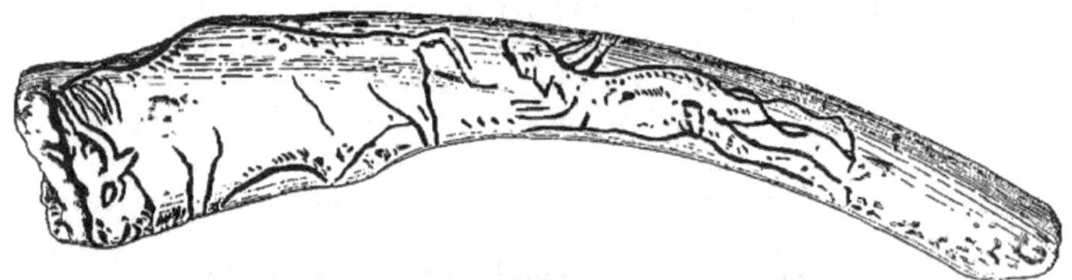

Fig. 8. Mensch und Bison, sog. Bisonjagd.
Knochengravierung aus dem Magdalénien von Laugerie basse (Dordogne). Sammlung Girod. Nach einem Abguß des Museums in Saint Germain en Laye. $^1/_2$ n. Gr. Aus Verworn, Anfänge der Kunst.

Erst die knochenbewehrten Wurfwaffen der Jungpaläolithiker eröffneten einer Angriffsjagd günstigere Aussichten. Eine Gravierung auf Rengeweih (s. Abb. 8) zeigt uns, wie der Jäger sich an das Wild heranpirschte. Gelang es ihm, unbemerkt auf 40 oder 50 m nahe zu kommen, so konnte er mit Erfolg den Speer oder Wurfpfeil entsenden. Die Stellen des Tieres, an denen eine tiefe Wunde entscheidend ist, waren den Paläolithikern, wie zahlreiche Höhlenbilder zeigen, wohl bekannt, und die Treffsicherheit ihrer Speere wird nicht geringer gewesen sein, als bei heutigen primitiven Stämmen. Darwin[17]) berichtet von den Australiern, daß sie auf 30 Yards (= 27,5 m) mit den vom Wurfholz geschleuderten Speeren eine aufgestellte Mütze durchschossen.

[17]) Ch. Darwin, Reise eines Naturforschers. Übersetzt von V. Carus. Stuttgart 1899, Schweizerbarts Verlag.

Eine Angriffsjagd ist also, soweit sie von den Waffen der Jäger abhing, sehr wohl möglich gewesen, wenigstens im Jungpaläolithikum, sie ist nach dem Zeugnis einer Gravierung auch geübt worden. Wenn der Wisent als Beutetier trotzdem im allgemeinen so stark gegen andere Arten zurücktritt, so sehe ich den Grund nicht allein darin, daß Pferd und Ren in mancher Hinsicht nutzbringendere Beutetiere waren, sondern auch in dem Umstand, daß der landschaftliche Charakter der Gebiete, in denen die Jungpaläolithiker vorzugsweise zu Hause waren, einer Angriffsjagd auf ein so wehrkräftiges und wehrlustiges Wild nicht günstig war. In den weiten Steppen, die in jungdiluvialer Zeit große Gebiete besonders Mittel- und Osteuropas einnahmen, wird schon ein unbemerktes Herankommen an die Tiere nicht immer leicht resp. möglich gewesen sein, vor allem aber bot ein freies, baumarmes Gelände dem Jäger so gut wie keinen Schutz gegen den Angriff verwundeter oder gereizter Tiere. Es scheint mir in diesem Zusammenhang sehr bemerkenswert, daß zu jungdiluvialer Zeit im südlichen Frankreich der Wisent erfolgreicher gejagt worden ist, in einem Gebiet, das in keiner Phase des Eiszeitalters einen reinen Steppencharakter getragen hat und daher dem Jäger günstigere Angriffsmöglichkeiten und erhöhten Schutz zugleich gewährte.

In der Wehrkraft der Wisente, in ihrem leicht reizbaren, zum Jähzorn neigenden Charakter, ihrem unerschrockenen Angreifen und Verfolgen des Jägers, sehe ich deshalb letzten Endes den Grund für ihre geringe Beteiligung am Beutematerial der jungpaläolithischen Jäger in Mittel- und Osteuropa.

3. Elch.

Von ähnlichen Gesichtspunkten aus ist die außerordentliche Seltenheit des Elchs in den paläolithischen Küchenabfällen zu beurteilen, wenngleich wir diesen auf Wald, zum mindesten Buschwald angewiesenen Hirsch in den Stationen der jungpaläolithischen Steppenjäger von vornherein nicht, oder doch nur selten erwarten dürfen. Er ist aber auch dort, wo Edelhirsch, Reh und Riesenhirsch in der Jagdbeute vorhanden sind, sehr spärlich vertreten. Aus dem reichen Material der großen Taubacher Fundschicht kenne ich vom Elch nur einen Zahn, ein Geweihfragment und das von Pohlig beschriebene schädelechte Geweih; in der Ehringsdorfer Hauptfundschicht (Homofundschicht im Bruch Kämpfe) fand er sich nach meinem ersten Nachweis bald in weiteren Resten, die aber auch nur auf 5, d. h. im

Rahmen der gesamten Beutemasse auf sehr wenige Individuen hindeuten. Auf eine allgemeine Seltenheit des Elch innerhalb der damaligen Tierwelt möchte ich aus diesem Befund nicht ohne weiteres schließen, wahrscheinlicher ist mir, daß dieser Jagd besondere Schwierigkeiten entgegenstanden. und es bestärkt mich in dieser Annahme die Angabe Pfizenmayers l. c. Anm. 16, daß die Tungusen heutigen Tages den Elch als einen viel gefährlicheren Gegner ansehen, als selbst den Bären. Diese gefürchtete Wehrkraft liegt nicht nur in dem Geweih des Elchhirsches, sie liegt ebenso in den „harten und scharfen Schalen" der Vorderläufe, die Hirsch wie Tier, „mit ebensoviel Geschick wie Nachdruck" zu benutzen verstehen. Die bescheiden bewaffneten Altpaläolithiker werden vor dem Elch, der gereizt auch selbst zum Angriff übergeht, keinen geringeren Respekt gehabt haben, als die mit Feuerwaffen, Pfeil und Bogen und mit eisenbewehrten Spießen ausgerüsteten Tungusen der Gegenwart; sie werden ihn auch dort, wo er zum Standwild gehörte, nur wenig gejagt resp. angegriffen haben. Naturgemäß wird vor allem der Elchhirsch dem angreifenden Jäger gefährlich gewesen sein, wir werden deshalb von vornherein vermuten können, daß Elchjagd, wo sie nicht nur ganz gelegentlich, dem Zufall folgend, geübt wurde, sich im wesentlichen auf die Tiere beschränkte. In diesem Sinn ist es sehr bemerkenswert, daß in der großen Ehringsdorfer Fundschicht (Bruch Kämpfe) neben Gebiß- und Knochenresten von fünf Individuen nur ein Geweihfragment, eine schädelechte Stange mit dem unteren Ansatz der Schaufel gefunden worden ist. Allerdings fällt die Erbeutung dieser Elche, wie ich in einer anderen Arbeit bebeweisen werde, zwischen März und Juli, also in eine Zeit, da das Geweih des Elch sich noch in Entwicklung befindet, im Bast steckt. Nur starke Elchhirsche tragen schon im Juli ein völlig verrecktes, Ende Juli ein gefegtes Geweih. Da aber vom Edelhirsch auch Bastgeweihe verschiedentlich in der gleichen Schicht gefunden worden sind, so wären auch für den Elch Geweihreste häufiger zu erwarten, wenn Elchhirsche im entsprechenden Verhältnis wie Elchtiere erlegt wordən wären. Aus der auffallenden Seltenheit von Elchgeweihen darf man darum den Schluß ziehen, daß ganz vorwiegend Elchtiere erbeutet wurden, die Jagd auf den Elchhirsch aber als zu gefährlich resp. als unrentabel zurücktrat.

Wir können die paläolithische Elchjagd nicht verlassen, ohne eines sehr merkwürdigen Befundes zu gedenken, der sich für den Elch (Alces latifrons sp.) der altdiluvialen Mauerer Sande, der Fundstelle des Homo Heidelbergensis, unseres ältesten europäischen Menschen, ergeben hat: Das vollständige Fehlen von Geweihresten des Elch, der nach den Gebißresten mit 14 Individuen in der bisher aufgefundenen Maurer Fauna vertreten ist. Dieses Fehlen ist um so auffallender, als in anderen altdiluvialen Kiesen, in „Mosbach sowohl als in Süßenborn, ungefähr ebensoviel Individuen im Gebiß als im Geweih nachgewiesen sind. Andererseits gehören Geweihe vom Rothirsch und Reh in Mauer zu den häufigeren fossilen Resten. Wollte man einwenden, das Fehlen von Elchgeweihen sei reiner Zufall, so kann man dem entgegenhalten, daß sowohl in Mosbach als in Süßenborn zuerst die gewaltigen Geweihe resp. Stangenstümpfe gefunden wurden und später erst die Zähne, die in groben Kiesmassen nur vom geübten Auge erkannt werden. Im übrigen ist in Mauer nun schon über 20 Jahre mit Aufmerksamkeit gesammelt worden, jahrelang unter periodischer Kontrolle von Fachleuten. Schon vor dem Fund des menschlichen Unterkiefers hat Schoetensack häufig Mauer besucht, und nach dem Fund kann man sagen, ist wohl kein halbwegs erhaltbarer, größerer Knochen verloren gegangen. Und trotzdem ist nie ein Elchgeweih, nie das Bruchstück eines solchen gefunden worden, obgleich das Fundinventar fast aller vorkommenden Arten in den letzten Jahren ungefähr gleichmäßig bereichert wurde. Geologische Verhältnisse, Erhaltungsfähigkeit, irgendwelche Zufälligkeiten müssen meines Erachtens deshalb von vornherein ausscheiden bei Erklärung dieses eigenartigen Verhaltens. Desgleichen haben alle aus den Lebensverhältnissen und Lebensgewohnheiten der Art sich ableitenden Deutungen sehr wenig Wahrscheinliches an sich, weshalb ich auf eine Erörterung der Möglichkeiten, die sich aus dem zeitlichen Ablauf der Geweihentwicklung, Abwerfen, Aufsetzen und Fegen, und aus einem Vergleich dieses zeitlichen Ablaufs beim Elch mit dem beim Rothirsch und Reh ergeben, verzichte“ [18]).

Dieser merkwürdige Unterschied im fossilen Elchmaterial zwischen Mauer einerseits, Süßenborn und Mosbach anderseits, würde nicht aufgehoben werden durch den eventuellen Fund einer oder einiger Elchstangen in Mauer, besonders dann nicht, wenn gleichzeitig das Knochen- und Gebißmaterial eine Vermehrung erführe. Die über nunmehr 3 Jahrzehnte sich erstreckende wissenschaftliche Kontrolle des Fundortes, die man für die Zeit nach dem

[18]) W. Soergel, Die diluvialen Säugetiere Badens. I. Teil. Mitt. d. großh. geol. Landesanstalt, IX. Band, I. Heft 1914.

Auffinden des Unterkiefers im Jahre 1907 als eine dauernde bezeichnen kann, schließt für die Zukunft jede normale Korrektur resp. Ergänzung des Elchmaterials von Mauer aus. Würden Gebisse und Geweihe in der kommenden Zeit durch reichliche Geweihfunde auf das normale, d. h. das in Süßenborn und Mosbach beobachtete Verhältnis gebracht, so würde mit dem Verschwinden des einen ein anderer ebenso merkwürdiger Unterschied gegenüber den anderen Fundorten hervortreten: Die Gliederung des fossilen Elchmaterials innerhalb der Maurer Kiese in einen Komplex mit ausschließlich Gebiß- und Knochenresten, in einen zweiten mit ganz vorwiegend Geweihresten. Was in Zukunft auch vom Elch in Mauer gefunden werden mag, die Tatsache, daß in den sehr beträchtlichen, innerhalb eines halben Jahrhunderts abgebauten Kiesmassen niemals ein Elchgeweih, aber Gebißreste von 14 Elchen gefunden worden sind, kann ihrer biologischen Bedeutung niemals entkleidet werden. Ein zufälliges Ergebnis ungenügenden oder über zu kurze Zeit fortgesetzten Sammelns liegt also keinesfalls vor, es ist in dem Befund mit besonderen biologischen Ursachen zu rechnen, die keine, zumindestens außerordentlich wenige geweihtragende Elche in die Ablagerung hineingeraten ließen. Diese Ursachen können weder in einer Beschränkung des Aufschotterungsvorganges auf die Zeit, da der Elchhirsch kein Geweih oder den fossil nicht erhaltbaren frühesten Teil trug, oder in einer Beschränkung der dem Wild im engeren Bereich unkorrigierter Flüsse drohenden natürlichen Gefahren auf diese Zeit gesucht werden, noch in der Tätigkeit der Raubtiere. Denn große, den Elch gefährdende Raubtiere sind in den Mosbacher Sandon in gleicher, wenn nicht größerer relativer Häufigkeit gefunden worden, sind also in der Tierwelt der damaligen Zeit bei Mosbach mindestens so häufig gewesen als bei Mauer und können deshalb nicht für den Unterschied in der Zusammensetzung des Elchmaterials an beiden Fundorten verantwortlich gemacht werden.

Unsere Feststellungen über die Elchjagd der Ehringsdorfer Paläolithiker scheinen mir für den Mauerer Befund die einzige Deutungsmöglichkeit zu bieten: Die in den Mauerer Kiesen gefundenen Elchreste sind im wesentlichen Jagdbeutereste des Homo Heidelbergensis, der entsprechend dem Vorherrschen der weiblichen Elche in der Ehringsdorfer Beute des Neandertalmenschen, nur weibliche Tiere erlegte. Diese Auffassung gewinnt eine gewisse Stütze darin, daß Homo Heidelbergensis auch den Elephanten und sehr wahrscheinlich auch das Nashorn erbeutet hat, wie spätere Abschnitte dieses Buches zeigen werden. Auf eine Jagd dieses Menschen scheinen mir auch die auffallend große Zahl gut erhaltener Fundstücke und die gerade in letzter Zeit häufiger gefundenen zusammenhängenden Skelettpartien hinzudeuten, wie sie in anderen Kiesen meist vollständig fehlen, oder doch überaus selten sind. Es wäre sehr wichtig, das gesamte in den Mauerer Kiesen gefundene Knochenmaterial mit dem von Süßenborn und Mosbach zu vergleichen und zu prüfen, ob im Vorkommen sonst in Kiesen seltener oder niemals gefundener Knochen sich Mauer deutlich von den beiden andern Fundorten unterscheidet. Auf jeden Fall sind die heute erkennbaren Unterschiede schon so groß, daß eine besondere Erklärung nicht zu umgehen ist. Und die auffallende Übereinstimmung mit den, allein durch den diluvialen Menschen bestimmten Verhältnissen in Taubach-Ehringsdorf, sowohl in der Zusammensetzung des Elchmaterials als der des Elephanten- und in geringem Maße auch des Nashornmaterials, deuten meines Erachtens auch für Mauer mit Bestimmtheit auf den Menschen als urhebenden Faktor hin. Hier eröffnet allein die biologische Analyse des Fundmaterials den Weg zur Kenntnis der Lebensweise, der kulturellen Entwicklungshöhe unseres ältesten diluvialen Menschen. Hat dieser Mensch wie ich glaube, den Elch gejagt und in dem Sinne eine Jagdauslese betrieben, daß er nur den Elchtieren, nicht aber den Elchhirschen nachstellte, so muß er eine Angriffsjagd geübt haben. Er muß also Waffen irgendwelcher Art besessen haben, die wohl kaum nur aus dem rohen, mit der Hand zu schleudernden Stein bestanden, sondern wahrscheinlicher aus Holz gefertigte, vielleicht noch sehr rohe Speere waren. Gelangen wir durch die biologische Erforschung der Jagd einmal zu einer gesicherten Vorstellung über die kulturelle Entwicklungshöhe des Homo Heidelbergensis, so wird das Ergebnis auch für stammesgeschichtliche Fragen, für die Beurteilung der verwandtschaftlichen Stellung des Homo Heidelbergensis zu späteren diluvialen Menschenarten nicht ohne Bedeutung sein.

4. Riesenhirsch.

Kaum zahlreicher als der Elch ist der Riesenhirsch unter der Beute der paläolithischen Jäger vertreten. Berücksichtigen wir, daß dieser Hirsch nach den Funden im freien Diluvium nicht nur in den Zwischeneiszeiten bei uns gelebt, sondern auch zu Zeiten eines vordringenden eiszeitlichen Klimas sich noch lange bei uns gehalten hat, also in Mittel- und Westeuropa Zeitgenosse der meisten paläolithischen Kulturen war, so erscheint seine Beteiligung an der paläolithischen Beute außerordentlich gering. In den meisten paläolithischen Stationen Mitteleuropas fehlt er völlig, wo er vorhanden ist, gehört er stets zu den selteneren oder seltensten Arten der Großtiere unter der Beute. Diese auffällige Seltenheit des Riesenhirsch in den Küchenabfällen der paläolithischen Jäger, die doch alles gejagt haben dürften, was ihnen im Rahmen einer gewissen Rentabilität erreichbar war, spricht meines Erachtens dafür,

Fig. 9. Riesenhirsch (Cervus euryceros). Nach einem Original von Charles Knight im American Museum of Natural History. Aus Osborn, The age of Mammals.

daß aus irgendwelchen Gründen diese Jagd nicht so einfach, nicht so sicher Erfolg versprechend war, als es nach Noacks Schilderung (l. c. Anm. 2) einer Riesenhirschjagd in Taubach scheinen könnte. Und auch hier möchte ich die Wehrhaftigkeit des Wildes als einen stark mitbestimmenden oder ausschlaggebenden Faktor betrachten. Bei Beurteilung der Noackschen Schilderung — Jäger spüren in sumpfigem Waldgelände ein kleines Riesenhirschrudel auf, isolieren bei der Verfolgung den durch sein Geweih auf der Flucht ausserordentlich behinderten Hirsch von den Tieren und erlegen ihn schließlich. als er, im Sumpfgebiet Rettung suchend, gerade dort durch die Schwere seines Kopfschmuckes sich verstrickt — darf man natürlich nicht vergessen, daß der Autor eine besonders erfolgreiche, unter glücklichen Umständen bewerkstelligte Jagd schildern wollte und mußte, und darf wohl vermuten, daß der Autor damit nicht den Typus einer paläolithischen Riesenhirschjagd festlegen wollte; den Typus, wie er sich bei gleichbleibenden Waffen des Jägers, gleichbleibender Wehrhaftigkeit und Fluchtkraft des Wildes, gleichbleibendem Charakter des Wohngebietes des Wildes für die Jagd auf jede Tierart herausbilden muß. Schwankungen in diesen Momenten bedingen natürlich zahlreiche, aber untergeordnete Varianten der Jagdmöglichkeit und Jagdmethode, die bei einer allgemeinen Beurteilung der paläolithischen Jagd in den Hintergrund treten müssen. Ersetzen wir in Noacks Schilderung die mit rohen Feuersteinspitzen bewehrten Speere durch reine Holzsperre, so bewegt sich die Darstellung vielleicht im Rahmen des Möglichen, keinenfalls aber im Rahmen dessen, was auf Grund tatsächlicher Funde gefolgert werden muß. Zunächst dürfte das Gelände, in dem der Riesenhirsch (Abb. 9) mit seinem über 3 m klafternden Geweih heimisch war, nicht dichtes Waldgebiet mit Sumpfgelände gewesen sein. Waldarmes Grasland, Park- und Haglandschaften, niedere Buschwälder an den Ufern der Ströme boten ihm unstreitig bessere und entsprechendere Lebensbedingungen. Dort muß er nach Aussage seines Vorkommens in fossilen Faunen zu Hause gewesen sein; in reinen Waldfaunen ist er stets selten oder fehlt vollkommen. Daß das große Geweih seinem Träger oft verhängnisvoll wurde, ist wahrscheinlich; ich glaube aber nicht, daß diese Behinderung und Gefährdung so evident war, wie Noack sie schildert, wo der Hirsch schon in den ersten Stadien der Flucht weit hinter den Tieren zurückbleibt. Es ist nicht zu vergessen, daß der allerdings stark bewehrte Kopf auf einem außerordentlich verstärkten Nacken- und Rumpfskelett aufsaß, also ein gewisser Ausgleich stattgefunden hatte.

Wäre diese Jagd so leicht gewesen, so müßten wir Riesenhirschreste in den Küchenabfällen der Paläolithiker ungleich häufiger antreffen, und, wenn Noacks Schilderung zu Recht bestände, vor allem Reste männlicher Tiere. Gerade das letztere trifft aber für den Fundort, wo der Riesenhirsch in Mitteldeutschland noch relativ häufiger Beute des paläolithischen Menschen geworden ist, das Kalktuffgebiet von Ehringsdorf nicht zu. In der großen Fundschicht (Homo-Fundschicht) im Bruch Kämpfe sind bis jetzt an Gebissen und Einzelzähnen die Reste von ca. 7 Riesenhirschen gefunden worden, aber nur einmal die basalen Teile des Geweihs an einem größeren Schädelfragment, und kein isoliertes Geweihstück. Ähnlich verhält es sich im Taubacher Fundmaterial. Hier ist der Riesenhirsch mit etwa 6 Individuen vertreten, außer Kiefern, Einzelzähnen und Knochen sind aber nur eine Abwurfstange und mehrere Geweihfragmente vertreten. Ich habe in den vielen deutschen Sammlungen, über die die Taubacher Funde verstreut sind, kein schädelechtes Geweihstück aus der Taubacher Fundschicht gesehen. Da vom Edelhirsch nebst Knochen und Gebißresten in größerer Anzahl auch schädelechte Geweihreste, sogar Bastgeweihe aufgefunden worden sind, so scheint die große Seltenheit von schädelechten Riesenhirschgeweihen darauf zu deuten, daß wie beim Elch im wesentlichen nur weibliche Tiere erlegt wurden. Die Jagd auf den Hirsch muß zumindesten viel weniger geübt worden sein, und hier wie beim Elch wahrscheinlich deshalb, weil sie zu gefährlich, also unrentabel war.

5. Schwein.

Das Schwein ist die letzte Tierart unter dem mittleren Großwild, deren allgemeine Seltenheit in der Beute der diluvialen Jäger mit der Wehrhaftigkeit des Wildes in ursächlichem Zusammenhang stehen könnte. Hier spielt aber zunächst ein anderer Umstand eine ungleich entscheidendere Rolle. Das Schwein ist ein reiner Waldbewohner, der nur selten in waldarmen, dann aber stets in feuchten und sumpfigen Gebieten angetroffen wird. Es kann also nur in Zwischeneiszeiten in Mitteleuropa gelebt haben. Die meisten paläolithischen Kulturstufen, und gerade die jungpaläolithischen, denen die Hauptmasse aller ausgegrabenen „Stationen“ zugehört, fallen aber zeitlich mit Eiszeiten zusammen, so daß die Gelegenheit zur Saujagd im Paläolithikum von vornherein beschränkt war und das Schwein notwendigerweise in der paläolithischen Gesamtbeute zurücktreten muß. Daß es aber auch in Frankreich, wo ein eiszeitliches Klima stets weniger zur Geltung kam und der Wald in weiten Gebieten niemals vollständig der kalten Steppe gewichen sein kann, unter der paläolithischen Beute sehr selten ist, ja dem Beutematerial zwischeneiszeitlicher Kulturen vielfach fehlt, das deutet auch hier auf die Wehrhaftigkeit des Wildes als den die Jagdauslese des Paläolithikers wesentlich mitbedingenden Faktor. Auf die Wehrkraft des Wildschweines, die Stärke seiner geschickt benutzten Hauer und die Gefährlichkeit der mit ihnen geschlagenen Wunden brauche ich nicht näher einzugehen. Sie sind ebenso bekannt, wie die Angriffslust der Tiere, die sowohl dem Keiler als der Frischlinge führenden Bache eigen ist. Der Paläolithiker wird dieses Wild nur gejagt haben, wenn er unter möglichst geringer Gefährdung seiner Person die Stärke seiner Waffen voll zur Geltung bringen konnte, also nur unter besonders günstigen Umständen. Und solche möchte ich für die Jäger der letzten Zwischeneiszeit bei Taubach annehmen, in deren Beute an Großwild das Schwein die fünfte Stelle einnimmt. Thüringen, und insbesondere das Ilmtal zwischen Mellingen und Weimar, müssen dem Wildschwein damals sehr günstige Lebensbedingungen geboten haben. Die feuchte Flußniederung der Ilm,

Fig. 10. Wildschwein-Jagd.
Diluviale Felsmalerei aus der „Cueva del Charco del Agua Amarga", unweit Alcañiz (Provinz Teruel). Nach Originalkopie von Prof. H. Obermaier. 1/3 n. Gr.

die von kalkabsetzenden Quellen überrieselten, mit kleineren und größeren Wasserbecken übersäten Talhänge, mußten die Wildschweine, die regelmäßig mit Eintritt der Dämmerung ihre Suhlen aufsuchen, geradezu anlocken. Als wehrhaftes, seiner Stärke sich wohl bewußtes Tier, gibt es sich selbst dort, wo große Raubtiere nicht fehlen, ziemlich sorglos dem Genusse seines Bades hin, und hier können auch Jäger mit einfachen Waffen besonders günstige Gelegenheit zur Erbeutung der Tiere finden. An eine freie Jagd, ein Aufsuchen des Wildes in seiner Walddickung, an ein Verfolgen ist nicht zu denken. Solche Jagd wird erst den Jungpaläolithikern mit ihren stärkeren Waffen möglich gewesen sein, sie ist vor allem in Spanien von Jägerstämmen geübt worden, die vielleicht noch der jüngsten Phase des Eiszeitalters zugehören. Die Darstellung in

Abb. 10, die ich der Liebenswürdigkeit von H. Obermaier verdanke, zeigt uns in einer Felsmalerei eine solche freie Wildschweinjagd.

6. Edelhirsch, Damhirsch, Reh.

Diese drei Waldtiere werden wir unter der Beute der diluvialen Jäger zahlreicher nur aus Zeiten erwarten dürfen, in denen ein gemäßigtes Klima bei uns herrschte und weite Teile Mitteleuropas bewaldet waren. Da die Jungpaläolithiker ausschließlich, die Altpaläolithiker zweimal Zeitgenossen einer Vereisung gewesen sind, in der die kalte Steppe den Wald außerordentlich zurückdrängte, so müssen im gesamten paläolithischen Beutematerial die drei Hirsche naturgemäß stark zurücktreten. Sie sind aber auch in den Zwischeneiszeiten nirgends bevorzugtes Jagdwild gewesen.

In Frankreich, wo auch in glazialen Zeiten Waldtiere Lebensmöglichkeiten besaßen, fehlt der Edelhirsch im Beutematerial keiner Kultur völlig, ist aber stets nur in bescheidenem Maße vertreten. In Mitteleuropa sind die Tuffkalke von Weimar-Ehringsdorf-Taubach die einzige Stelle, wo seine in größerer Menge gefundenen Reste auf eine erfolgreiche Jagd hindeuten. Im Beutematerial der Taubacher Jäger nimmt er die sechste, in dem der Ehringsdorfer Jäger (Homo-Fundschicht in Bruch Kämpfe) die fünfte Stelle ein, bleibt dabei aber an Häufigkeit hinter anderen Tierarten sehr weit zurück. Ich habe früher die Ansicht vertreten (l. c. Anm. 1), daß ein Teil der gefundenen Hirschreste nicht vom Menschen, sondern von Raubtieren erbeuteten Tieren angehört. Da sich Biß- und Nagespuren aber weder an den Taubacher noch an den Ehringsdorfer Knochen haben nachweisen lassen, überhaupt biologische Anhaltspunkte dafür, daß in den Travertinen der Gegend von Weimar menschliche und tierische Beute gemischt seien, sich nicht gefunden haben, so müssen wir auch alle Hirschreste der menschlichen Beute zuzählen.

Die angewandte Jagdmethode beansprucht hier kein besonderes Interesse, da der Besitz von Holzwaffen schon dem Altpaläolithiker eine volle Überlegenheit über seine Beute sicherte und ihn nicht zu besonderen, von denen heutiger mit Speeren bewaffneter Stämme abweichenden Jagdmethoden zwang. Das starke Überwiegen ausgewachsener Tiere in allen Altersstadien in der Ehringsdorfer und an der Taubacher Edelhirschbeute zeigt, daß die engere Wahl des Beutetiers hier vollkommen in der Hand des Menschen lag, der als rein praktischer Jäger ein größeres, fleischreicheres Tier naturgemäß einem kleinen Kalb vorzog.

In ungleich geringerem Maße als der Edelhirsch sind Damhirsch und Reh Jagdwild des paläolithischen Menschen gewesen, sowohl in West- als in Mitteleuropa. Für den Damhirsch ist in Mitteleuropa das Kalktuffgebiet der Gegend von Weimar überhaupt die einzige Stelle. Ich konnte ihn aus der Fundschicht des Weimarer Travertinkomplexes (ehemaliger Bruch Röhr) nur einmal, und ebenfalls nur einmal in dem Fundmaterial von Taubach nachweisen. Diese Seltenheit, die keineswegs auf ein sehr spärliches Vorkommen des Damhirsch in damaliger Zeit ohne weiteres schließen läßt, ist sehr auffallend; denn der Damhirsch schlägt sich zu größeren Rudeln zusammen als der Edelhirsch, so daß für den angreifenden Jäger eine viel größere Wahrscheinlichkeit besteht, wenigstens ein Tier zu treffen; er hält ferner, was ebenfalls die Jagdaussichten beträchtlich erhöht, seine Wechsel gut ein, und kann schließlich keinesfalls als ein besonders wehrhaftes Tier in dem Sinne bezeichnet werden, daß diese Wehrkraft einen einschränkenden Einfluß auf die menschliche Jagd ausgeübt haben könnte. Ich sehe den Grund für die sehr geringe Beteiligung am Beutematerial in der geringen Größe des Damwildes. So lange für den Altpaläolithiker die Möglichkeit bestand mit nicht wesentlich größerer Anstrengung größere Tiere zu erbeuten, war sein Interesse für geringeres Wild ähnlicher Art nicht groß genug, um ihn zu einer planmäßigen Erjagung zu reizen.

Und aus dem gleichen Grunde ist, glaube ich, das Reh in der Beute der zwischeneiszeitlichen Jäger so spärlich vertreten, in Mittel- wie auch in Westeuropa. Nur wo sehr große Beutemengen überliefert sind, hat man es zahlreicher, aber an Menge stets gegen andere Tierarten weit zurücktretend aufgefunden. Für Mitteleuropa sind wiederum die Kalktuffvorkommen von Weimar, Ehringsdorf und Taubach die ergiebigsten Fundstellen gewesen, wo es in allen Fundschichten der drei Gebiete mit etwa 30 Individuen vertreten sein mag. In der Homo-Fundschicht im Bruch Kämpfe zu Ehringsdorf sind die Reste von 7, in der großen Taubacher Fundschicht die Reste von 12 Rehen gefunden worden, eine sehr bescheidene Anzahl, wenn man berücksichtigt, daß eben diese Fundschicht in Taubach die Reste von über 100 Nashörnern, über 70 Bären und über 60 Elephanten geliefert hat. Neben der geringen Größe, die vielleicht auch für die Treffmöglichkeit nicht ohne Belang war, wird besonders die Lebensweise der Rehe einer ergiebigen Jagd im alten Ilmtal nicht förderlich gewesen sein. Das Reh schlägt sich nur zu kleinen Trupps von meist nur 3—5 Stück zusammen, so das die Wahrscheinlichkeit eines Jagderfolges mit einfachen Waffen von vornherein geringer sein muß als bei stärker gerudelten Tieren; es sucht nicht regelmäßig eine Tränke auf, wenn Tau und Regen sein Futter hinreichend überfeuchten, es blieb also dem wasserreichen Ilmtalbereich, an das vorzugsweise die Jagd der Paläolithiker gebunden war, in viel höherem Maße fern als die meisten anderen Tiere, die unter der paläolithischen Beute von Ehringsdorf und Taubach vertreten sind.

Nicht nur die Wehrkraft, auch die Lebensweise und die Größe des Jagdwildes sind für die paläolithische Jagd wichtige Faktoren der Rentabilität gewesen, die letzten Endes natürlich durch die Angriffskraft des Menschen und seine auf ihr aufgebauten Jagdmöglichkeiten bestimmt wurde.

7. Pferd.

Von den bisher in ihrer Eigenschaft als Jagdwild des diluvialen Menschen besprochenen Tierarten ist mit vielleicht einer Ausnahme (der braune Bär in der Höhle Jachymka) keine irgendwo und irgendwann das bevorzugte, in den Beuteresten vorherrschende Jagdwild des Paläolithikers gewesen. Das gilt, soweit die altpaläolithische Jagd in Frage kommt, auch für das Pferd, das als ausgesprochener Steppenbewohner in den zwischeneiszeitlichen Waldzeiten, in die die Kulturen des Chelléen und des jüngeren Acheuléen resp. des Micoquien und ein Teil der dem Moustérien zugerechneten Kulturen fallen, naturgemäß im Tierbestand Mittel- und Westeuropas gegenüber den eigentlichen Waldtieren zurücktrat. In der Fundschicht im Tonlager von Rabutz bildet es etwa 3%, in der großen Taubacher Fundschicht etwa 6%, in der etwas jüngeren, gegen Ende der letzten Zwischeneiszeit entstandenen sogenannten Homo-Fundschicht im Bruch Kämpfe zu Ehringsdorf etwa 20% der Gesamtbeute. Auffallend häufig, vielleicht sogar das häufigste Beutetier scheint es bei La Micoque gewesen zu sein, doch entzieht sich bei den nur ganz kursorischen Angaben der Literatur[19]) einer Beurteilung, ob ihm eine Durchrechnung des Materials nach Individuen die erste Stelle in der Beutemasse belassen würde. Auf

[19]) O. Hauser. La Micoque. Leipzig 1916 (hier die weitere Literatur); H. Obermaier l. c. Anm. 5.

jeden Fall ist selbstverständlich, daß lokal besonders günstige Jagdmöglichkeiten zu jeder Zeit diese oder jene Art einmal zum häufigsten Beutetier des Menschen machen können. Für die allgemeine Beurteilung können solche Ausnahmen nicht maßgebend sein; wir dürfen daran festhalten, daß für die altpaläolitischen, zwischeneiszeitlichen Jäger das Pferd keine ausschlaggebende, meist sogar eine recht untergeordnete Rolle gespielt hat. Es ist aber auch im Beutematerial der Acheuléen-Jäger der vorletzten, und dem der Moustérien-Jäger der letzten Eiszeit im allgemeinen kaum stärker als andere Tierarten vertreten, obwohl es in diesen Zeiten sehr häufig gewesen sein muß. Niemals steht es im Beutematerial an erster oder an zweiter Stelle. Man gewinnt den bestimmten Eindruck, daß diese geringe Beteiligung des Pferdes an der Beute der Altpaläolithiker auch in Zeiten seiner besonderen Häufigkeit nicht nur auf einer freien oder ganz freiwilligen Jagdauslese dieser Menschen beruht; daß sie vielmehr die Folge verschiedener, Jagdauslese, Jagdart und Jagderfolg absolut beherrschender Faktoren gewesen ist, denen die freie Willensbestimmung des Menschen durchaus untergeordnet war. Unter diesen Faktoren betrachte ich als ausschlaggebend den Körperbau der Neandertalrasse, des Trägers der altpaläolithischen Kulturen. Die Massigkeit der Knochen, der gewaltige, nach vorn gebeugte Schädel, der Bau der unteren Extremität, besonders des Fußes, die auch bei Streckung des Beines im Stand noch etwas nach vorn gebeugten Knie erweisen einen auf dem Boden nicht besonders beweglichen, behenden Menschenschlag. Die gennanten Merkmale lassen für den Neandertaler gerade die Eigenschaften vermissen, die für den Jäger der Steppen, für eine erfolgreiche Jagd auf flüchtige Steppentiere Voraussetzung sind. Alle Jagdarten, die auf einem Treiben und Scheuchen von Pferden beruhen, sind diesen Menschen deshalb nicht oder in günstigem, stark zerrissenem Gelände nur in bescheidenem Maße möglich gewesen. Und dieser Mangel wurde durch eine besondere Wirkungsweite der Waffen sicher nicht ausgeglichen; es war nur ein beschränkter Raum, den der Altpaläolithiker mit seinen Waffen beherrschte, und eine wichtige Voraussetzung für eine Waffenwirkung muß stets die Möglichkeit gewesen sein, möglichst nah, zumindestens 50—70 m unbemerkt an das Wild heranzukommen. Solcher Jagd bot naturgemäß gerade die freie Steppe besondere Schwierigkeiten.

Mit dem Beginn des Jungpaläolithikums, dem Einrücken einer neuen, schlanker gebauten Rasse, den Aurignacmenschen in das

Wohnbereich der Neandertaler ändert sich sofort die Stellung des Pferdes in der menschlichen Beute. Neben den körperlichen, den Anforderungen an das Jagen in Steppen ungleich besser entsprechenden Eigenschaften dieser Menschen sind es noch zwei weitere Momente, die den größeren Jagderfolg auf flüchtiges Herdenwild, insbesondere auf das Pferd verstehen lassen. Erstens besaßen die mit Knochenspitzen bewehrten und sicherlich auch sonst besser gearbeiteten Speere dieser Jungpaläolithiker eine größere Wurfweite und auch auf größere Entfernung noch eine hinreichende Wirkung; zweitens mußte gerade das Pferd als besonders erwünschte Beute erscheinen, da seine zwar schlanken, aber festen, dickwandigen Extremitätenknochen ein gutes Material für Knochenwerkzeuge aller Art lieferten. Und das wird ein besonderer Ansporn gerade zur Pferdejagd gewesen sein, die nun im Aurignacien und Solutréen ihren Höhepunkt erreichte. In der Aurignacienschicht der Ofnet bildet das Pferd allein 60 % der Beutereste; in der gleichen Zeit war es in Niederöstereich und Mähren Hauptjagdobjekt des Menschen und überwiegt bei teilweise ebenso starker Beteiligung des Rentieres in der menschlichen Jagdbeute von Joslowitz, Willendorf, Predmost, Zeiselberg, Hundsteig bei Krems und anderen Aurignacienstationen. In den Aurignacienschichten der belgischen Höhlen erweist es sich nächst dem Ren als häufigste Jagdbeute des Paläolithikers, und das gleiche gilt für viele französische Höhlen. In der Aurignacienstation am Fuße des Felsens von Solutré sind die Reste von ca. 10000 Pferden gefunden worden.

Dieselbe hohe Bedeutung behält es im Solutréen, und erst im Magdalénien tritt es deutlich hinter dem Rentier zurück, ist aber lokal noch stark, in der Höhle Kostelik mit 42 % an der Jagdbeute beteiligt.

Die Jagdmethode wird je nach dem Landschaftscharakter eine verschiedene gewesen sein. Eine Angriffsjagd auf einzelne Tiere einer Herde wird bei der Scheu und der Fluchtkraft des Wildes nicht die entscheidende Rolle gespielt haben. Der jungpaläolithische Jäger wird seiner Jagd vor allem die Scheu, das Schrecken der Pferde, das durch ganz geringfügige Ursachen hervorgerufen, oft große Herden in panikartiger, besinnungsloser Flucht davonjagen läßt, nutzbar gemacht haben. Schon wenige, gut postierte Jäger können unter diesen Umständen genügen, eine Pferdeherde in Richtungen zu treiben, wo Fallgruben oder steil abstürzende Felsen den Tieren verhängnisvoll werden. Nur mit dieser Jagdmethode erklären sich die teilweise überraschenden Jagderfolge. Inwieweit sie sich im einzelnen durch die prozentuale Beteiligung von alten und jungen Tieren in der Pferdebeute beweisen läßt, kann mangels hinreichender Angaben in der Literatur nicht entschieden werden. Junge und altersschwache oder gebrechliche Tiere sind jedenfalls in etwas größerer Zahl unter der Beute zu erwarten, als sie in einer Herde normalerweise vertreten sind. Auf einem solchen Wege müßte sich der Unterschied der Jagdmethoden, die im Alt- und im Jungpaläolithikum geübt wurden, zahlenmäßig belegen lassen, denn die vorwiegend Einzeljagd treibenden Altpaläolithiker werden, wie wir es bei ihrer Hirschjagd festgestellt haben, erwachsene, also große und fleischreiche Tiere den kleinen Fohlen vorgezogen haben. Es ist in diesem Sinne bemerkenswert, daß wenigstens in der altpaläolithischen Pferdebeute von Taubach und Ehringsdorf junge Tiere mit Milchgebiß vollständig zurücktreten, erwachsene in der Vollkraft stehende Tiere durchaus überwiegen.

Ob Schleuder und Bola in jungpaläolithischer Zeit zur Pferdejagd Verwendung fanden, läßt sich nicht ermitteln, jedenfalls fehlen bis heute im Artefaktmaterial wie in den Felszeichnungen sichere Anhaltspunkte für ihr Vorhandensein in damaliger Zeit.

8. Das Rentier.

Stärker noch als die des Pferdes ist die allgemeine Stellung des Rens innerhalb der Gesamtbeute der paläolithischen Jäger bestimmt durch die wechselnden Klimate des Eiszeitalters. Als Bewohner der Tundra und der kalten Steppe fehlte es naturgemäß den Zwischeneiszeiten und damit der Jagdbeute der zwischeneiszeitlichen Jäger. Erst mit dem Aufkommen einer Eiszeit, dem Vorrücken der Eismassen und der Ausbreitung der kalten Steppe über weite Teile Mittel- und Westeuropas zog es bei uns ein und war nach Aussage der in Kiesen und Lössen gefundenen Skelettreste zur Zeit des glazialen Klimas häufig und weit verbreitet. Wenn es trotzdem in den eiszeitlichen Kulturen des Altpaläolithikums, dem Acheuléen der vorletzten und dem Moustérien der letzten Eiszeit keine ausschlaggebende, im ersten Fall sogar eine sehr bescheidene Rolle als Jagdwild gespielt hat, so dürfte das ähnliche Ursachen gehabt haben, wie sie für die altpaläolithische Pferdejagd oben besprochen worden sind. Der Neandertalmensch war einer Jagd auf die Tiere der freien Landschaft, der Steppe körperlich weniger gewachsen, er war zu schwerfällig. Seine Jagdmethode wurde im höchsten Maße bestimmt vom Milieu; und innerhalb seiner Möglichkeiten bevorzugte seine Jagdwahl stets größere und fleischreiche Tiere. Eine primitive Rentabilität beherrscht seine Jagd, die er in keinem Gebiete souverain, niemals mit derjenigen Überlegenheit über die Tierwelt ausüben konnte, die erst die Voraussetzung für eine freie Jagdwahl ist.

Mit dem Erscheinen der Aurignacmenschen in Europa, mit dem Einsetzen des Jungpaläolithikums änderte sich wie für das Pferd, so für das Ren das Verhältnis zum diluvialen Jäger: Es wird nächst dem Pferd das bevorzugteste Jagdwild des Menschsen, das an der Beute der Aurignac- und Solutré-Jäger häufig ebenso zahlreich, selten zahlreicher als das Pferd beteiligt ist. Die besonderen körperlichen Eigenschaften der neuen Rasse, ihre weit vollkommenere Bewaffnung und die damit errungene größere Bewegungsfreiheit, die ein Einwandern in die offenen Steppen und eine freiere Wahl des Wildes gestatteten, schließlich die Bedeutung der Geweih- und Knochenartefakte in diesen Perioden, für die geeignetes Rohmaterial ständig beschafft werden mußte: das sind die wesentlichsten Ursachen für die Umwertung der Beutetiere, die höhere Wertung des Rentieres.

Sie erreicht ihren Höhepunkt im Magdalénien. Und wiederum ist die, allerdings nicht so einschneidende Umstellung in der Wahl des Wildes, wie wir sie zwischen Alt- und Jungpaläolithikum festgestellt haben, an das Erscheinen einer neuen Menschenrasse, der Rasse von Cro-Magnon gebunden, wiederum spielt die Wahl des Rohmaterials für Werkzeug und Waffen, die Steigerung der Knochen- und Geweihbearbeitung eine beträchtliche Rolle. Mit seltenen Ausnahmen dominiert das Ren nun in der Beute der diluvialen Jäger. Was der Bison für die Indianer in Nordamerika bedeutete, das Rentier heute bedeutet für die Lappen, die nordostsibirischen Stämme und einige Indianerstämme Alaskas, das war das wilde Ren damals den Jägern des Magdalénien. Auf dieses Wild muß ihre ganze Lebenshaltung eingestellt gewesen sein; es ist die Zeit, die mit Recht als Rentierzeit bezeichnet worden ist. Die zahlreichen Fundstellen brauchen hier nicht aufgezählt zu werden. In den Magdalénienstationen von Ost-, Mittel- und Westeuropa überwiegt es durchaus in der Beute; in der Magdalénienstation von Munzingen in Baden bildet es über 50% der gefundenen Beutereste, im Keßlerloch ist es nach Studer mit 79,4%, im Schweizersbild wit 75% beteiligt. Allein diese beiden Stationen haben die Reste von 925 Rentieren geliefert.

Die Jagdmethode wird in den einzelnen Perioden des Paläolithikums eine verschiedene gewesen sein. Einzeljagd, Angreifen und Erlegen eines oder einiger Tiere, daneben wohl auch Fallgrubenfang, wie er heute noch getrieben wird, werden im Altpaläolithikum im Vordergrund gestanden haben, und wohl auch durch die ganze jungpaläolithische Zeit geübt worden sein. Wo im Jungpaläolithikum allerdings sehr viele Tiere erlegt worden sind, besonders wo jüngere Tiere einen höheren Prozentsatz bilden, dürfte Herdenjagd die herrschende gewesen sein. Im Keßlerloch bilden junge Tiere nach Studer $^1/_4$, in Schweizersbild $^1/_3$ der erbeuteten Rentiere. In Munzingen sind unter 29 Individuen der Ausgrabung des Jahres 1914 6 jugendliche, noch nicht ganz ausgewachsene Tiere und 6 Kälber. Eine solche Zusammensetzung der Beute wird kaum durch Einzeljagd erzielt worden sein. Denn junge und sehr junge Tiere boten keineswegs solche Vorteile, daß die Einzeljagd sie bei doch gleichzeitig vorhandenen erwachsenen Tieren so oft hätte wählen müssen. Ihr Knochenmaterial ist nicht vollwertig, meist minderwertig zur Verarbeitung, ihr Geweih sehr gering, die Fleischmasse unbedeutend. Höchstens das weichere Fell, das die Jungpaläolithiker sicherlich zu bearbeiten verstanden, könnte einen Anreiz zur Erbeutung gerade junger Tiere geboten haben. Einen entscheidenden Einfluß kann ich diesem einzigen Vorteil gegenüber mancherlei Nachteilen aber nicht zuerkennen. Ich sehe in einer starken Beteiligung junger Tiere den Beweis für Herdenjagd. Von den Jägernomaden Sibiriens wird das Ren hauptsächlich im Frühjahr und Herbst gejagt, „wenn es auf seinen alljährlichen großen Wanderungen enge Schluchten und Pässe durchschreitet oder Flüsse auf stets den gleichen Furten durchquert. Ist der vordere Teil einer großen Herde im Wasser, so schießen die Nomaden auf kleinen Booten heran und erbeuten mit Messern und Spießen in kurzer Zeit eine Menge Tiere. Auf derartigen Wanderungen gehen aber stets die weiblichen Tiere mit den Kälbern voran. Wird der erste Teil des Zuges angegriffen, was ja auch viel praktischer ist als der Schluß mit den wehrhafteren Männchen, so muß der Prozentsatz junger Tiere in der Beute ein hoher sein. Und wir bekommen damit ein Massenverhältnis alter und junger Tiere, wie es im Keßlerloch und im Schweizersbild gefunden wurde." (Soergel, 1912).

Diese Wanderungen sind heute verursacht durch verschiedene Insekten, die durch ihr massenhaftes Auftreten die Rentiere veranlassen, ihre Weidegebiete zu wechseln. In den eiszeitlichen Steppen

Europas wird es nicht anders gewesen sein, wir werden mit großen Wanderungen aus derselben oder einer ähnlichen Ursache rechnen dürfen. Aber auch ohne die Annahme weiter, regelmäßiger Wanderungen ist eine solche Herdenjagd in jungdiluvialer Zeit möglich gewesen. Wir wissen, daß die nordsibirischen Jäger ihrem Wild oft tagelang folgen, bis sie zu einem sicheren Schuß kommen können. Die Jäger des Jungpaläolithikums werden nicht weniger ausdauernd gewesen sein. Sie folgten wohl auch den Herden, bis sie in Kesseln und engen Tälern gute Gelegenheit zu möglichst erfolgreicher Jagd fanden; sie werden aus dem gleichen Grunde durch dauernde Beunruhigung die Herden zum Abziehen in bestimmter Richtung, in bestimmte Gegenden gezwungen haben. Vielleicht hat man damals schon, vor allem im Herbst, Herdenjagd getrieben, um sich hinreichende Wintervorräte zu verschaffen. Im einzelnen stellt uns die Rentierjagd nicht vor schwierige Fragen, da die Überlegenheit des jungpaläolithischen Jägers ganz außer Zweifel steht und sein Jagderfolg ohne weiteres begreiflich ist.

Und ähnliches gilt, wenn auch für einige Arten in sehr stark abgeschwächtem Maße, für die anderen, bisher besprochenen Tierarten. Aus einem Vergleich mit der Jagd heutiger primitiver Stämme ist bei Berücksichtigung der kulturellen Entwicklungshöhe der diluvialen Jäger und des Landschaftscharakters ihres Jagdbereichs stets die Jagdmethode der Paläolithiker unschwer abzuleiten, die im Beutematerial dokumentierte Art ihres Jagderfolges jedenfalls meistens zu verstehen. Ein höheres Interesse beansprucht demgegenüber die Frage, wie haben die diluvialen Jäger die großen Dickhäuter, den Elephanten und das Nashorn erlegen können; ihr gelten die folgenden Abschnitte.

VI. Die Jagd auf den diluvialen Waldelephanten.

(Elephas antiquus Falc.)

Die Jagd auf den Elephanten hat der Paläolithiker in zwei durch Klima, Flora und Fauna sehr unterschiedenen Gebieten ausgeübt: Einmal in Waldgebieten auf Elephas antiquus, den Waldelephanten, — dieser deutsche Name ist viel treffender als die gebräuchliche aber irreführende Verdeutschung „Urelephant" — dann im Steppengebiet auf Elephas primigenius, das Mammut. Die Erörterungen über die Jagd auf den Waldelephanten, und zwar unter spezieller Berücksichtigung der Taubacher Verhältnisse, stelle ich an die Spitze, da der Tatsachenbestand gerade dieses Fundplatzes ein sehr einfaches und klares Bild gibt und eine feste Basis bietet für weitere Schlußfolgerungen über die Elephantenjagd im allgemeinen.

Ich habe 1912 versucht, unter Berücksichtigung der Fundverhältnisse in Taubach, des Massenverhältnisses alter und junger Tiere unter den erhaltenen Elephantenresten, der möglichen Bewaffnung der paläolithischen Jäger und schließlich unter Berücksichtigung der heute bei primitiven Stämmen in Waldgebieten gebräuchlichen Jagdarten wahrscheinlich zu machen, daß die Taubacher Moustérienjäger den Waldelephanten in Fallgruben gefangen haben. Gegen diese Annahmen und einige wesentliche dafür eingesetzte Argumente hat Profé eine Anzahl von Bedenken geäußert, die ihn schließlich zu der Auffassung führten, daß der Mensch den Elephanten bei Taubach überhaupt nicht gejagt habe, daß hier vielmehr ähnlich wie in Predmost eine Elephantenherde irgendeiner Katastrophe erlag. Der Argumente, die Profé seine Ansicht zu begründen, meine zu widerlegen scheinen, sind es folgende drei:

1. In Taubach ist der Elephant nicht vom Menschen gejagt worden, vielmehr eine Herde einem katastrophalen Ereignis zum Opfer gefallen.

2. Das in Taubach von mir gefundene Massenverhältnis zwischen alten und jungen Tieren innerhalb der Elephantenreste deckt sich mit dem in einer Elephantenherde herrschenden und stimmt überein mit demjenigen, das Profé für das Mammutmaterial von Predmost resp. einen Teil davon berechnete, wo nach herrschender Ansicht eine Herde zugrunde ging.

3. Fallgrubenfang ist sehr unwahrscheinlich, schon deshalb, weil dem Paläolithiker keine Geräte zur Verfügung standen, solche Gruben auszuheben. Das gleiche Bedenken äußert Noack, nach dem zur Herstellung solcher Gruben die Paläolithiker viele Wochen gebraucht haben müßten.

Fallgrubenfang kann ferner auf Grund der Lebensweise und der Lebensgewohnheiten der Elephanten nicht zu einem Überwiegen der jungen Tiere in der Beute führen.

An der Hand dieser Einwürfe läßt sich die Frage am eingehendsten diskutieren, sie bedeuten eine gute Gliederung für eine kritische Betrachtung der Elephantenjagd überhaupt.

1. Die biologische Deutung der Taubacher Fundschicht.

Handelt es sich in den Taubacher Funden um Reste von natürlich umgekommenen Tieren oder um Reste der menschlichen Jagdbeute?

Es hat meines Wissens bisher noch kein Autor, der die Taubacher oder die Ehringsdorfer Fundverhältnisse aus Autopsie kannte oder doch aus der Literatur mit ihnen vertraut war, einen Zweifel geäußert darüber, daß der Mensch bei dem Zustandekommen der Fundschichten die wesentlichste Rolle gespielt hat. Die Verhältnisse sind absolut eindeutig und in dieser Eindeutigkeit, wie ich früher annahm, auch in prähistorischen Kreisen allgemein bekannt. Wenn ich trotzdem hier nochmals ausführlicher auf die Fundverhältnisse und ihre Ausdeutungsmöglichkeit für und wider die menschliche Jagd eingehe, so hat das folgenden Grund: In der Diskussion über den Jagd-Vortrag Profés, der in Köln auf der 5. Tagung der „Gesellschaft für deutsche Vorgeschichte“ gehalten wurde, hat laut Bericht über diese Tagung im „Mannus“ niemand gegen die Ausführungen Profés über die Ursachen des Vorhandenseins der zahlreichen Elephantenreste in der Taubacher Fundschicht Einspruch erhoben. Daraus geht hervor, daß die doch keineswegs unwichtigen Fundverhältnisse der klassischen deutschen Lokalität in prähistorischen Kreisen nicht in hinreichendem Maße bekannt sind, tatsächlich dort also eine Lücke besteht, wo man sie niemals vermuten würde.

Die Fundumstände in Taubach lassen es als völlig ausgeschlossen erscheinen, daß die gefundenen Elephantenreste einer Herde angehören, die einer Katastrophe irgendwelcher Art erlag. In einer ca. 45 cm mächtigen Schicht porösen, lockeren Kalktuffs, sogenannten Charensands, fanden sich regellos eingestreut, ohne irgendwelche einheitliche Orientierung, die vorwiegend zerschlagenen Reste zahlreicher Elephanten, Nashörner, Wisente, Hirsche, Bären usw. Dem Gestein scheinen die Knochen und Gebißreste ziemlich gleichmäßig eingelagert gewesen zu sein; die Literatur, auf die wir mangels heutiger guter Aufschlüsse im Taubacher Gebiet im wesentlichen angewiesen sind, enthält jedenfalls keine Angaben darüber, daß Partien mit größeren Anhäufungen von Knochen und Zähnen gewechselt hätten mit ganz fossilfreien Partien. In der fossilführenden Schicht bildete das umschließende Gestein bei weitem die Hauptmasse, die eingestreuten Knochen und Zähne den viel geringeren Teil des ganzen Komplexes. Die Art des Vorkommens läßt nur eine Deutung zu für den Modus der Einbettung: Die Knochen und Gebißreste sind nach und nach an ihre Stelle gelangt, während die Bildung des Tuffs unter Wasser ruhig fortging. Die Knochen sind also in ein Wasserbecken, einen Tümpel befördert worden und in den auf dem Grund dieser Wasseransammlung sich unter Mitwirkung von Charen bildenden lockeren Tuff eingesunken, von ihm umschlossen worden.

Es handelt sich keineswegs um ein Knochenlager, wie es im Löß gelegentlich aufgedeckt wird, wobei das Aufstapeln von Knochen resp. die Anhäufung von Tierleichen stets stattgefunden haben muß vor Beginn der Ablagerung des sie umschließenden Gesteins. Das Einlagern von Knochen und Gebißresten ist in Taubach im Rahmen der Fundschicht vielmehr ein ebenso kontinuierlicher Vorgang wie die Tuffbildung selbst und gleichzeitig mit ihr, das Vorkommen der Knochenreste gründet sich also nicht auf ein plötzlich eintretendes und schnell vorübergehendes Ereignis, wie es eine Katastrophe darstellt. Die allein schon durch den geologischen Befund widerlegte Annahme, daß die Elephanten einer Katastrophe erlegen seien, müßte notwendigerweise zu der weiteren Annahme führen, daß alle in der gleichen Schicht unter denselben Bedingungen eingebetteten und unter gleichen Verhältnissen aufgefundenen anderen Tierarten der gleichen Katastrophe zum Opfer gefallen wären. Es müßten also Bisonherden, Hirschrudel, eine reiche, sehr merkwürdige Ansammlung von im allgemeinen nicht gesellig lebenden Tieren, wie Nashorn und Bär, hier zugrunde gegangen sein. Die Reste all dieser Tiere finden sich in einer wenig mächtigen Schicht, auf relativ beschränkter Fläche. Denken wir uns die Knochen und Gebisse wieder zu ganzen Tieren ergänzt, so gäbe das eine solch gewaltige Masse, daß nicht einmal die Hälfte Platz finden würde auf der Bodenfläche, auf der die Reste sich vorfanden, oder in dem Raume, den die Fundschicht vermehrt um die zur Zeit ihrer Bildung über ihr stehende Wassermasse von 1—2 m. Höhe darstellt.

Zudem müßte bei katastrophaler Vernichtung ein recht hoher Prozentsatz, wenn nicht ganzer Skelette. so doch größerer zusammenhängender Skeletteile sich vorfinden, und gerade diese sind äußerst selten. Will man diese Schwierigkeiten dadurch umgehen, daß man annimmt, eine Ansammlung von Skeletten, die nach der Katastrophe hier vorhanden war, ist durch fließendes Wasser auseinander geschwemmt worden, dabei ist viel von dem Knochenmaterial verloren gegangen uud uns nur ein kleiner Rest erhalten; oder die Katastrophe hat den Wildbestand des ganzen Tales betroffen, das Knochenmaterial ist dann von den Hängen, und natürlich nur fragmentär in die Wasserbecken eingeschwemmt worden, so ist dem entgegenzuhalten, daß erstens jede Spur von Abrollung an den Knochen und Gebissen fehlt, daß zweitens das Gestein der Fundschicht und auch das der direkt liegenden und hangenden Schicht im weitaus größeren Teil seiner Masse frei ist von Quarzkörnern, fast frei von tonigen Gemengteilen. Es treten also gerade diejenigen Bestandteile außerordentlich zurück, die selbst sehr langsam und träge fließendes Wasser in Flüssen und Bächen transportiert, die Ablagerungen fließender Gewässer niemals fehlen. Das Gestein erweist in unserem Falle ganz einwandfrei, daß wir die Bildung eines stehenden Gewässers vor uns haben; erweist damit, daß das Knochenmaterial nicht von der Kraft des Wassers, sondern von einer anderen Kraft hineintransportiert sein muß. Ein Hineinfallen oder Versinken kranker oder verunglückter Tiere, also die lebende Kraft der Tiere selbst, kann nicht in Betracht kommen, da wir eine Auslese von Knochen und Gebißresten und vielfach zerschlagener Knochen, nicht ganze Skelette und Skeletteile vorfinden. Die in der gleichen Schicht vorkommenden Holzkohlenstückchen und vor allem die Feuersteine in bearbeiteten Stücken und Absplissen weisen ganz eindeutig auf den Menschen als die „Kraft", die Knochen und Zähne in den Tümpel hineingeworfen hat. Noch evidenter geht die Mitwirkung des Menschen resp. sein ausschließlicher Einfluß auf das zahlreiche Vorhandensein von Knochen in einer Schicht hervor aus den scherzweise „Frühstücksschichten" genannten Platten aus dem älteren Tuffkalk von Ehringsdorf, auf denen sich Aschereste, Holzkohlenstücke vermischt vorfinden mit zerschlagenen, teils angekohlten Tierknochen und bearbeiteten Feuersteinen der Moustierstufe.

Wenn Profé daran erinnert, daß die großen Knochen von Elephas meist nicht zerschlagen waren, und darin wohl ein Argument gegen eine Jagd der Taubacher Menschen auf dieses Tier erblicken zu können glaubt so möchte ich meines Teils daran erinnern, daß die Extremitätenknochen von Elephas exzeptionell kleine Markhöhlen besitzen, daß fast der ganze innere Knochen mit Spongiosa erfüllt ist. Haben die Paläolithiker aber zur Gewinnung des Knochenmarkes die Knochen ihrer Beutetiere zerschlagen, so hatten sie kaum Veranlassung das bei Elephas zu tun, zumal dann, wenn ihnen andere Beutetiere mit viel markreicheren Knochen zu Gebote standen. Es kann nach alledem also gar kein Zweifel darüber bestehen, daß die Elephantenreste der Taubacher Fundschicht Jagdbeutereste des diluvialen Menschen darstellen.

2. Die Altersstaffelung im Elephantenmaterial verschiedener Fundorte, insbesondere Taubachs und Predmosts, in ihrer Bedeutung für die paläolithische Jagd.

Einen weiteren Beweis für eine Elephantenjagd der Taubacher Jäger sah ich und sehe ich auch heute in dem Massenverhältnis, in dem sich junge und alte Tiere an dem überlieferten Elephantenmaterial beteiligen. Die Bestimmung des Lebensalters auf Grund der Art und des Abkauungsgrades der aufgefundenen Backzähne bot keine Schwierigkeiten, da über den Zahnwechsel des indischen und des afrikanischen Elephanten eine Reihe sicherer Beobachtungen vorliegt. In den Abb. 11—17 habe ich eine Anzahl Zähne verschiedenaltriger Individuen des Elephas antiquus aus dem älteren Travertin von Taubach und Weimar wiedergegeben, um auf dieser Grundlage anderen eine individuelle Altersbestimmung gefundener Elephantenzähne zu ermöglichen oder doch zu erleichtern.

Das Ergebnis dieser Altersbestimmungen am Taubacher Elephantenmaterial, das durch einige mir früher nicht bekannt gewordene Zähne gegenüber den 1912 veröffentlichten Zahlen eine minimale Verschiebung (um 0,1—0,3 %) erfahren hat, ist folgendes:

Unter den in der Taubacher Fundschicht gefundenen Resten von 64 Waldelephanten sind 25,5 % $^1/_4$—6 Jahre alt, 28,8 % 6—20 Jahre alt, 28,8 % 20—50 Jahre alt, nur 16,7 % über 50 Jahre alt gewesen, als sie das Leben verloren. Der hohe Prozentsatz junger und sehr junger Tiere — Elephanten sind erst vom 20. Jahre an fortpflanzungsfähig — ist sehr auffällig, zumal das Elephantenmaterial anderer sehr reicher Fundorte, an denen der Mensch weder in Skelettresten noch in Artefakten oder in irgendeiner Einwirkung auf die Zusammensetzung des fossilen Knochenmaterials nachgewiesen ist, für beide

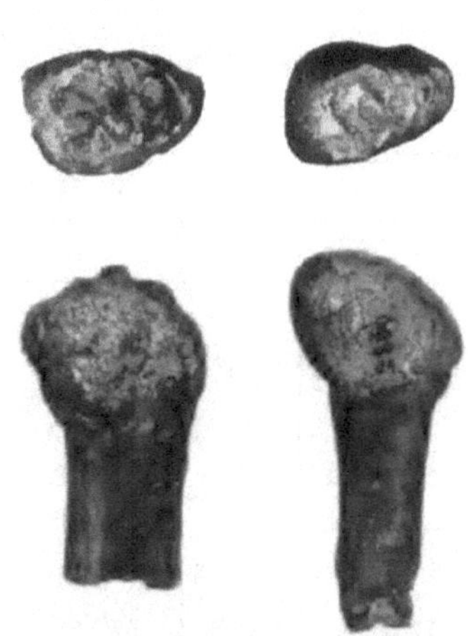

Fig. 11. Zwei vorderste Milchbackenzähne des Unterkiefers von Elephas antiquus aus Taubach. $^1/_1$ n. Gr. Zähne wenig angekaut; Lebensalter der Tiere wahrscheinlich 2—3 Monate. Original im Städt. Museum zu Weimar.

Fig. 12. Zweiter Milchbackenzahn des Oberkiefers von Elephas antiquus aus Taubach. $^1/_1$ n. Gr. Ungefähr $^2/_5$ der Masse des Zahnes sind verbraucht. Lebensalter des Tieres zwischen 2 und 3 Jahren. Original im Städt. Museum zu Weimar.

Altersstufen sehr viel geringere Zahlen ergab. $^1/_4$ bis 6 Jahre alte Tiere fanden sich 0 % unter dem Material von Elephas trogontherii von Süßenborn bei über 200 Individuen, 0 % im jüngeren Löß von Emmendingen, 0 % im Mammutmaterial des gesamten Löß von Baden, 0 % unter den gesamten Funden der rheinischen Niederterrasse in Baden, 0 % unter den Resten des Elephas antiquus von Mosbach, nur 6,2 % unter dem Material von Elephas trogontherii von Steinheim a. d. Murr, 8,7% unter dem Material von Elephas trogontherii von Mosbach. 6—20 jährige Tiere lieferten die genannten Fundstellen gegen 28,8 in Taubach 8,0—18,5% mit einem Durchschnitt von 13,1%. Dieser sehr bedeutende Unterschied, den die in der folgenden Tabelle[20]) gegebenen Zahlen für alte Tiere noch weiter veranschaulichen, zwischen Taubach und den anderen Fundorten im Massenverhältnis junger und alter Elephanten beruht meines Erachtens lediglich auf der Jagd des diluvialen Menschen bei Taubach. Gegen eine solche Ausdeutung der genannten Zahlen führt Profé vor allem Zahlen ins Feld, die er an Gebißmaterial von Elephas primigenius von Predmost gewann, also von einem Fundort, dessen Elephantenmaterial die Überreste einer großen Herde darstellt, die durch irgendeine Katastrophe an der Stelle ihres späteren Auffindens zugrunde ging.

Tabelle über die Altersverhältnisse der diluvialen Elephanten von einigen deutschen Fundorten und Fundgebieten.

Im Gebrauch befindliche Zähne	MM III—M II	MM I—M I	M II	M III
Lebensalter	¼—6	6—20	20—50	50—? Jahre
Taubach (El. antiquus) . . .	25,5 %	28,8 %	28,8 %	16,7 %
Mauer (El. antiquus)	31,1 %	26,6 %	20,0 %	24,4 %
Mosbach (El. antiquus) . . .	0 %	15,3 %	23,1 %	61,5 %
Mosbach (El. trogontherii) . .	8,7 %	12,2 %	20,8 %	58,3 %
Süßenborn (El. trogontherii) .	0 %	8,6 %	13,4 %	78,0 %
Steinheim (El. trogontherii) . .	6,2 %	18,5 %	12,3 %	63,0 %
Jüngerer Löß bei Emmendingen in Baden (El. primigenius) .	0 %	17,2 %	20,7 %	62,1 %
Gesamter Jüngerer Löß von Baden (El. primigenius) . . .	0 %	8,9 %	14,2 %	76,8 %
Gesamte Niederterrassenschotter von Baden (El. primigenius)	0 %	10,8 %	21,7 %	67,5 %

Profé bestimmte nach den Angaben von Kriz[21]) das Alter von 52 Mammuten. Eine Altersstufe von ¼—6 Jahren, die für

[20]) Die Zahlen sind 1912 berechnet worden. An den meisten Fundorten sind seither einige weitere Zähne (infolge des stark geminderten Abbaus in Kies- und Lehmgruben während des Krieges nur wenige) hinzugekommen, die aber, da jeder Rubrik der Tabelle ein sehr großes Material zugrunde liegt, die Verteilung der Altersstufen in keinem Fall nennenswert ändern können.

[21]) M. Kriz, Beiträge zur Kenntnis der Quartärzeit in Mähren, Steinitz 1903.

die Beurteilung der menschlichen Jagd gerade sehr wichtig ist, hat er nicht ausgeschieden. Er fand 48 % 1—20 jährige, 40 % 20–50-jährige und 12 % über 50 Jahre alte Tiere. Die Beteiligung der 1—20 jährigen Tiere am gesamten Bestand beträgt für das herangezogene Teilmaterial von Predmost mit 48 % ungefähr ebensoviel wie für Taubach mit 54 % und Profé stützt auf diese Übereinstimmung vor allen Dingen seine Ansicht, daß in Taubach der Waldelephant ebensowenig erlegt wurde wie in Predmost das Mammut, daß an beiden Stellen eine Herde zugrunde ging.

Fig. 13. Dritter Milchbackenzahn und vor ihm Rest des zweiten des Oberkiefers von Elephas antiquus aus Taubach. ca. $^4/_3$ n. Gr. Zweiter Milchbackenzahn zu ca. $^4/_5$, dritter zu ca. $^1/_5$ seiner Masse verbraucht. Alter des Tieres 5—6 Jahre. Original im Städt. Museum zu Weimar.

In Anbetracht der Bedeutung, die solche Vergleiche gerade zwischen Taubach und Predmost für das Jagdproblem besitzen, habe ich selbst nochmals für das von Kriz veröffentlichte Mammutmaterial von Predmost genaue Altersbestimmungen durchgeführt. Der Berechnung liegen erstens die von Kriz am häufigsten gefundenen Oberkiefer zugrunde, von denen 10 doppelseitige, 22 einseitige linke und 17 einseitige rechte, da ihnen die Zähne ausgebrochen waren und Kriz keine Angabe darüber macht, welche Zähne darin gesessen haben können, nicht bestimmt werden konnten. Die übrigen Oberkiefer gehören zu 48 Individuen, unter denen 14,6 ¼—6 jährig, 29,2 % 6—20 jährig, 35,5 % 20—50 jährig und 20,8 % über 50 Jahre alt sind. Diese von den für Taubach gefundenen recht beträchtlich abweichenden Werte, sowohl in der geringen Beteiligung der $^1/_4$ — 6 jährigen Tiere als in der Staffelung der einzelnen Altersgruppen, sind allerdings einem im Verhältnis zu den gesamten Predmoster Mammutfunden recht geringen Material entnommen, so daß die Möglichkeit einer Beeinflussung des Ergebnisses

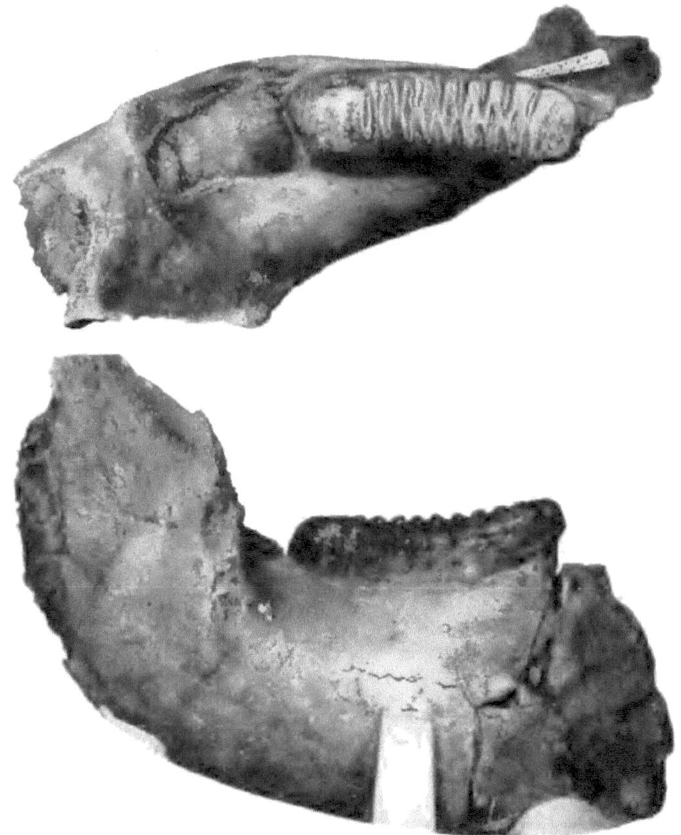

Fig 14. Unterkiefer von Elephas antiquus aus Taubach mit dem dritten Milchbackenzahn und dem nachrückenden, noch in Bildung begriffenen ersten echten Backenzahn, ca. $^1/_3$ n. Gr. Vom dritten Milchbackenzahn ist ca. $^1/_3$ seiner Masse verbraucht; Lebensalter des Tieres ca. 8 Jahre. Original im Städt. Museum zu Weimar.

durch Zufälligkeiten verschiedener Art nicht ausgeschlossen werden kann. Um solche Fehlerquellen möglichst einzuschränken, habe ich deshalb zweitens die von Kriz mitgeteilen intakten Einzelzähne in die Berechnung einbezogen. Da der eine Teil der Individuen resp. ihre Altersstaffelung nach den Oberkiefern berechnet wurde, so können von den Einzelzähnen naturgemäß nur die Oberkieferzähne verwertet werden, denn die weniger zahlreich vorhandenen Unterkieferzähne können zu den gleichen Individuen gehören, deren Oberkiefer früher schon gezählt wurde. In den bestimmbaren Oberkiefern fehlen nun nach Kriz verschiedentlich einzelne, nach ihrer Stellung im Gebiß als M I, M II oder M III bekannte Zähne. Diese Zähne könnten unter den Einzelzähnen vertreten sein, so daß wir, wenn wir sichere Minimalwerte erhalten wollen, diese den bestimmbaren Oberkiefern fehlenden Zähne von jeder Zahnserie der Einzelzähne zunächst abziehen müssen. Es bleiben dann zur Einrechnung folgende intakte Einzelzähne übrig:

MM III		MM II		MM I		M I		M II		M III	
rechts	links	rechts	links	rechts	links	rechts	links	rechts	links	rechts	links
0	0	10	11	5		22	24	20	13	7	4

Je ein rechter und ein linker Zahn einer Serie kann zu einem Individuum gehören. Die Möglichkeit, daß je zwei Zähne zweier benachbarter Zahnserien, also insgesamt 4 Zähne einem Individuum angehören, kann vernachlässigt werden, denn der Fall, daß in jeder Kieferhälfte 2 intakte Zähne enthalten sind, ist selten und kann zu Lebzeiten des Tieres jedesmal nur auf sehr kurze Zeit beschränkt gewesen sein. Die geringe Verminderung der Individuenzahl, die bei Berücksichtigung dieses Umstandes eintreten müßte, ist gewissermaßen vorweg genommen dadurch, daß wir rechte und linke Zähne jeder Serie paarweise zueinander ordnen. Da es von vornherein sehr unwahrscheinlich ist, daß beispielsweise unter 10 rechten und 11 linken Zähnen der gleichen Serie 10 Zahnpaare sind, also mit 10 + 1 = 11 Individuen bei dieser Zahnserie zu rechnen ist, vielmehr die 21 Zähne wahrscheinlicher mehr als 11 Individuen zugehören, so ist durch die paarweise Zuordnung schon unserer Tendenz zur Gewinnung von Minimalwerten in höchstem Maße Genüge getan. Die Höchstzahl der linken oder der rechten Zähne gibt dann die Anzahl der Individuen für jede Zahnserie, und wir erhalten aus den Einzelzähnen insgesamt eine Individuenzahl von 69 Stück. Ihre Verteilung auf unsere Altersstufen hat zu berücksichtigen, daß diese intakten Einzelzähne verschieden stark angekaut sind, also beispielsweise neben nicht oder wenig angekauten M I auch stärker angekaute sich befinden werden. Während die ersten noch der Gruppe 6—20 jähriger Tiere zugehören, werden von den letzteren einige schon der Gruppe 20—50jähriger zuzuzählen sein. Ich habe in diesem Falle stets die größere Anzahl, $^3/_4$ der betreffenden Individuen der jüngeren Altersklasse zugewiesen, um den Fehler zu vermeiden, die Altersstaffelung des Predmoster Materials der des Taubacher Materials unähnlicher zu machen, als sie gewesen sein könnte. Wenn nach allen diesen Einschränkungen sich aber zwischen Taubach und Predmost Unterschiede zeigen, so dürfen wir mit ihnen als mit wirklichen Unterschieden **unbedingt** rechnen.

Fig. 15. Erster echter Backzahn des Unterkiefers von Elephas antiquus aus Weimar (Bruch Ulle). ca. $^7/_8$ n. Gr. Zahn ungefähr zur Hälfte seiner Masse verbraucht. Lebensalter des Tieres ca. 15 bis 16 Jahre. Original im Städt. Museum zu Weimar.

Die unten folgende Tabelle (S. 90 u. 91) enthält die detaillierten Angaben und die Ergebnisse meiner Berechnung. Unter 117 Mammutindividuen von Predmost sind 12,8 % ¼—6jährig, 35,8 % 6—20jährig, 38,4 % 20—50-jährig, 17,8 % über 50jährig. Auch meine Bestimmung ergibt also, daß die Beteiligung der 1—20jährigen Tiere in Predmost mit 12,8 + 35,8 = 48,6 % etwa ebensogroß ist wie in Taubach mit 54,3 %. Diese Übereinstimmung erweist sich aber als völlig belanglos, wenn wir das Zahlenmaterial im einzelnen analysieren. ¼—6jährige Tiere sind nur halb so häufig in Predmost wie in Taubach, die Altersstufen 6—20 und 20—50 sind in Taubach kaum, in Predmost weit häufiger vertreten als die ¼—6jährigen Tiere. Außerdem ist in Predmost jede höhere Altersgruppe bis zu 50 Jahren individuenreicher als die vorhergehende, es zeigt sich eine Staffelung, die in Taubach fehlt. Und diese Staffelung muß den Verhältnissen innerhalb einer Herde nahekommen oder ihnen entsprechen, wie das folgende beweisen wird.

Genaue Beobachtungen über die Beteiligung der verschiedenen Altersstufen am Bestand größerer Herden von lebenden Elephanten liegen leider nicht vor. Im Brehm werden unter einer 9 Individuen umfassenden gefangenen Herde von Elephas indicus zwei Junge erwähnt, ohne genauere Altersangaben; die Jungen können unter, sie können auch über 6 Jahre alt gewesen sein. Jedenfalls beweisen

Fig. 16. Zweiter echter Backenzahn des Oberkiefers von Elephas antiquus aus Taubach. ca. $^{8}/_{15}$ n. Gr. Zahn zu $^{1}/_{7}$ seiner Masse verbraucht. Lebensalter des Tieres ca. 22—24 Jahre. Original im Städt. Museum zu Weimar.

die Angaben der Reisenden, die Elephantenherden gesehen haben, und ebenso Photographien solcher Herden, daß ausgewachsene Tiere, wenigstens Tiere von 20 Jahren und darüber, durchaus überwiegen. Diese Tatsache ist allerdings viel zu allgemein, um einer eingehenden

Tabelle zur Berechnung der Altersverhältnisse innerhalb des

Lebensalter	$^1/_4$–6			6–20					
Art und Abkauungszustand der im Gebrauch befindlichen Zähne	MM III + MM II, MM III wenig oder voll angekaut	MM III + MM II, MM III stark abgekaut	MM II	MM II + MM I, MM II bis etwa zur Hälfte verbraucht	MM II + MM I, MM II bis über $^3/_4$ verbraucht	MM I	MM I + M I, MM I bis etwa zur Hälfte verbraucht	MM I + M I, MM I bis über $^3/_4$ verbraucht	M I
1. Verteilung der doppelten Oberkiefer nach den Zähnen	1	1	1		1	4		1	3
2. Verteilung der Oberkieferhälften nach den Zähnen	2		2			3	2		
3. Summe aus 1 und 2	3	1	3		1	7	2	1	3
4. Verteilung der Summe auf die Altersgruppen	7			14					
5. Prozentuale Beteiligung der Altersgruppen am Gesamtmaterial	14,6 %			29,2 %					
6. Die Verteilung der als Individuen zu wertenden Einzelzähne des Oberkiefers			11			7			24
7. Verteilung dieser Zähne auf die Altersgruppen.			8	3		5	2		18
8. Die Individuenzahl der Altersgruppen aus Oberkiefern und Zähnen	15			42					
9. Prozentuale Beteiligung dieser Altersgruppen am Gesamtmaterial	12,8 %			35,8 %					

Beurteilung der von uns für Taubach und Predmost gewonnenen Zahlen als Grundlage dienen zu können. Wir müssen zunächst aus Erfahrungen verschiedener Art den Rahmen aufstellen, der für die Altersstaffelung einer Herde unbedingt gelten muß.

Bei Tieren, deren Gesamtbestand an Individuen im Zunehmen begriffen ist oder auch stationär bleibt, muß die Anzahl der $^1/_4$—6jährigen Tiere in einer Herde größer sein, als die Anzahl der 6—12jährigen Tiere. Und zwar um so mehr, je stärker, abgesehen vom Alterstod, der natürliche Abgang (durch Raubtiere, Krankheit, Un-

von Kriz veröffentlichten Mammutmaterials von Predmost.

20—50				50—? Jahre			Gesamtsumme
M I + M II, M I bis etwa zur Hälfte verbraucht	M I + M II, M I bis über $^3/_4$ verbraucht	M II	M II + M III, M II bis zur Hälfte verbraucht	M II + M III, M II bis über $^3/_4$ verbraucht	M II + M III, von M II nur noch ein kleiner Rest vorhanden	M III	
1	1		2	4	1	2	30
	1	5		1	1	1	18
1	2	12	2	5	2	3	48
17				10			48
35,5 %				20,8 %			100,1 %
		20				7	69
6		15	5 + 2		2	3	69
45				15			117
38,4 %				12,8 %			99,8 %

glücksfälle) ist. Die Elephanten sind durch Raubtiere so gut wie nicht gefährdet, nur ganz junge Kälber werden selten von Löwen oder Tigern erbeutet; Krankheiten, die besonders den Nachwuchs beträfen, sind niemals beobachtet worden, und daß gerade junge Tiere besonders zahlreich natürlichen Unglücksfällen zum Opfer fielen, vielleicht beim Suhlen oder beim Durchschwimmen von Strömen, dafür liegt kein Anhaltspunkt vor. Im Gegenteil, es läßt sich am fossilen Material beweisen, daß der natürliche Abgang junger Tiere durch Verunglücken ein recht geringer sein muß. An allen Fundstellen, wo der Mensch sicher keinen Einfluß auf die Altersstaffelung des überlieferten Elephantenmaterials gehabt hat, wie beispielsweise bei Süßenborn, Mosbach, Steinheim usw., müssen wir in diesem überlieferten Material einen Teil, vielleicht einen nicht unbeträchtlichen

Fig. 17. Letzter rechter Backenzahn des Oberkiefers von Elephas antiquus aus Taubach. ca. $^3/_8$ n. Gr. Ungefähr $^1/_6$ der Masse des Zahnes ist verbraucht. Lebensalter des Tieres ca. 40—45 Jahre. Original im Städt. Museum zu Weimar.

Teil des natürlichen Abganges der Elephantenherden in dem betreffenden engeren Gebiet sehen. Und dort spielen gerade die jungen Tiere eine ganz verschwindende Rolle, der Abgang betrifft in progressiv wachsendem Maße die älteren Tiere (vgl. die Tabelle auf S. 84). Daraus folgt, daß in einer Elephantenherde die $^1/_4$—6jährigen Tiere nur relativ wenig häufiger sein müssen als die 6—12jährigen, oder anders ausgedrückt, daß die Durchschnittshäufigkeit eines Jahrgangs[22] der $^1/_4$—6jährigen nur relativ wenig größer als die Durchschnittshäufigkeit eines Jahrgangs der 6—12jährigen sein muß, um eine Zunahme der Kopfzahl der Herde, zum wenigsten ein Gleichbleiben der Kopfzahl sicherzustellen. Da vom 12. resp. 20. bis zum 50. Jahr die Gefährdung der Individuen durch die 3 oben genannten Faktoren eine sehr geringe ist, die Abgänge in diesen Altersstufen also nur geringe sein können, so wird die auf einen Jahrgang berechnete durchschnittliche Häufigkeit der 20—50 jährigen nur wenig geringer sein als die der 6—20jährigen Tiere. Erst unter den mehr als 50 Jahre alten Tieren wird sich ein natürlicher Abgang, vor allem durch Alterstod stärker geltend machen. Wir werden also im allgemeinen annehmen dürfen, daß der Jahrgangsdurchschnitt der $^1/_4$—6 jährigen Tiere etwas größer ist als derjenige der 6—20 jährigen, und deren Jahrgangsdurchschnitt wieder etwas größer als der der 20—50 jährigen Tiere. Unter besonderen Verhältnissen werden Modifizierungen in dieser Staffelung eintreten können, so daß der Jahrgangsdurchschnitt der $^1/_4$—6jährigen Tiere nicht immer größer sein muß, als der der 6—20jährigen. Das kann dann eintreten, wenn in einer Herde infolge besonderer prozentualer Beteiligung männlicher und weiblicher Tiere, infolge besonderer Altersstaffelung der weiblichen Tiere, geburtenreichere und geburtenärmere Jahre wechseln. Das Verhältnis der Jahrgangsdurchschnitte der $^1/_4$—6 jährigen und der 6—20 jährigen kann dann in verschiedenen Jahren ein verschiedenes sein. Als sicher darf auf jeden Fall gelten, daß der Jahrgangsdurchschnitt der $^1/_4$—6jährigen zum mindesten ebensogroß, meist größer ist als der der 6—20jährigen Tiere, daß der der 20—50jährigen sehr wahrscheinlich kleiner ist als der der 6—20jährigen.

Für die Altersstaffelung in jungdiluvialen Mammutherden, und um jungdiluviale Mammute handelt es sich in Predmost, sind aber noch 2 Faktoren zu berücksichtigen. Das Mammut ist in Europa im Laufe der letzten Eiszeit ausgestorben. Aussterben tritt, sehen wir von den tieferen Ursachen hier ab, ein, wenn die Abgänge progressiv die Geburten übersteigen, wenn der Vermehrungskoëffizient zurückgeht. Hat sich ein solcher Rückgang schon zur Zeit des

[22]) Unter Jahrgangsdurchschnitt verstehe ich den Quotienten aus der auf 100 umgerechneten Anzahl oder der Prozentzahl der Individuen einer Altersklasse und der Anzahl der in dieser Altersklasse zusammengefaßten Jahre, also bei 21% 6—20 jährigen Tieren, 21 : 14 = 1,5.

jüngeren Löß gelten gemacht, so werden in Mammutherden dieser Zeit die $^1/_4$—6jährigen Tiere im Jahrgangsdurchschnitt nicht mehr nennenswert oder überhaupt nicht mehr zahlreicher gewesen sein als die 6—20jährigen im Jahrgangsdurchschnitt.

Zweitens können beim jungdiluvialen Mammut die Abgänge unter den älteren Tieren der Altersgruppe 20—50 Jahre zahlreicher gewesen sein. Ich habe schon 1912 darauf hingewiesen, wie häufig sich beim jungdiluvialen Mammut Gebißanomalien finden, wie häufig die als Tortuosität bekannten Umbiegungen am hinteren Ende der letzten Molaren angetroffen werden. Waren mit dem Auftreten dieser Anomalien pathologische Erscheinungen verknüpft, die das Leben der Tiere gefährdeten, was bei der Unförmigkeit solcher letzter Molaren und der damit notwendigerweise eintretenden Behinderung des normalen Zahnersatzes sehr wahrscheinlich ist, so müssen sie eingesetzt haben in einer Zeit, als der M III im Endstadium seiner Bildung begriffen war, eher sogar etwas vorher, d. h. sicher schon vor dem 50. Lebensjahre. Da auch am M II sich nicht selten schon Anomalien finden, so können Krankheitserscheinungen schon bei relativ jungen, 35—40 jährigen Tieren eingetreten sein. Der Jahrgangsdurchschnitt für die Gruppe der 20—50jährigen Tiere kann durch die dadurch bedingten Abgänge herabgedrückt werden, er kann wesentlich kleiner werden als derjenige der 6—20jährigen Tiere.

In diesen für die Alterstaffelung innerhalb einer jungdiluvialen Mammutherde aufgestellten Rahmen fügen sich die Zahlen des analysierten Predmoster Materials gut ein, soweit es überhaupt für ein Teilmaterial, das etwa den 5. Teil aller der Wissenschaft geretteten Mammutreste umfaßt, erwartet werden kann. Einen Jahrgangsdurchschnitt von 2,2 bei den $^1/_4$—6jährigen steht ein solcher von 2,6 bei den 6—20jährigen, von 1,3 bei den 20—50jährigen gegenüber. Legen wir allein die Bestimmungen der Oberkiefer zugrunde, so erhalten wir die Proportion 2,5:2,1:1,2, also eine etwas reichlichere Beteiligung der $^1/_4$—6jährigen Tiere. Die Bewertung dieser Zahlen darf natürlich nicht vergessen, daß sie einem Teilmaterial entnommen sind. Die Gesamtzahl der Predmoster Mammute ist auf 800—900 geschätzt worden. Da diese Schätzungen aber nicht von einem Paläontologen durchgeführt worden sind, der mit den Abkauungsverhältnissen von Elefantenzähnen und allen Möglichkeiten der Zuordnung von Zähnen und Zahnfragmenten zu einem Gebiß voll vertraut war, so wird hier, wie so vielfach auf diesem Gebiet, die

Schätzung zu hoch gegriffen sein. Soweit die Literatur über das vorhandene Material orientiert, wird höchstens mit etwa 500—600 Individuen zu rechnen sein, eine Zahl, zu der Kriz auf Grund einer allerdings rohen, aber eher Maximal- als Minimalzahlen liefernden Berechnungsmethode für die gesamten, jemals in der Fundschicht vorhandenen Mammute gekommen ist. Mit 117 Individuen würde das unserer Berechnung zugrunde liegende Material etwa den 5. Teil umfassen. Über die Alterszusammensetzung des übrigen in Predmost ausgegrabenen Mammutmaterials liegen bestimmte Angaben nicht vor. Würden aber in dem gesamten Material die $\frac{1}{4}$—6jährigen Tiere im gleichen Prozentverhältnis wie in Taubach vorhanden sein, so müßten die meiner Berechnung nicht zugänglich gewesenen $\frac{4}{5}$ des Mammutmaterials unter 468 Individuen die gewaltige Anzahl von 134 $\frac{1}{4}$—6 jährige Tiere enthalten. Keine Angabe der Literatur rechtfertigt den Schluß, daß in solcher Menge junge und jüngste Tiere vertreten sind. Im übrigen ist bei allen Angaben in der Literatur zu berücksichtigen, daß Fehlbestimmungen von Elephantenzähnen hinsichtlich ihrer Stellung im Gebiß bis heute recht häufig vorkommen, und daß in solchen Fällen stets stark verbrauchte Zähne einer älteren Serie für Zähne der nächst, ja der übernächst jüngeren Serie gehalten werden. Mir sind aus der Literatur Fälle bekannt, in denen von Paläontologen der erste Molar für den zweiten Milchmolar, der zweite Molar für den letzten Milchmolar gehalten worden ist. Derartige Fehlbestimmungen können natürlich auch in dem von uns benutzten, durch Kriz veröffentlichten Material vorhanden sein; dann könnten unsere Berechnungen eine zu große Zahl junger Tiere, also jedenfalls Maximalzahlen für die jungen Tiere ergeben haben. Der Fehler würde darin zum Ausdruck kommen, daß die Altersstaffelung des Predmoster Mammutmaterials der Altersstaffellung des Taubacher Waldelephantenmaterials ähnlicher erschiene, als sie in Wirklichkeit ist. Da trotzdem der Unterschied zwischen beiden sehr markant ist, haben eventuelle Fehlbestimmungen im Krizschen Material keine das Ergebnis beeinträchtigende Bedeutung. Fehlbestimmungen sind bei Untersuchungen unserer Art eigentlich nur gefährlich in kursorischen Angaben; ist eine rechnerische Behandlung möglich, so sichern Minimal- und Maximalwerte meist doch ein reines Ergebnis.

Es wird nach alledem mit hoher Wahrscheinlichkeit damit zu rechnen sein, daß die Altersstaffelung der von mir nicht analysierten $\frac{4}{5}$ des Mammutmaterials nicht so stark von dem analysierten

Krizschen Material abweicht, daß für das Gesamtmaterial ein prinzipiell anderes Ergebnis zu erwarten wäre. Die beiden mittleren Altersgruppen dürften am individuenreichsten bleiben. Ich sehe deshalb an unseren, an einem großen Teilmaterial gewonnenen Zahlen vorerst den Beweis, daß die Predmoster Mammutfunde die Reste einer Herde sind und hoffe, daß die in Aussicht gestellte Monographie über die Predmoster Fundschicht uns bald sicherere Grundlagen zur Beurteilung dieser Frage bietet.

Ganz anders als in Predmost verhält sich nun in Taubach die Altersstaffelung der Elephantenreste zu der in einer Herde zu erwartenden Altersstaffelung, wie nachstehende Tabelle erkennen läßt.

Tabelle über die prozentuale Beteiligung der Altersstufen im Elephantenmaterial von Predmost und Taubach nach Jahrgangsdurchschnitten berechnet.

	Taubach	Predmost nach den von Kriz veröffentlichten Oberkiefern	Predmost nach den von Kriz veröffentlichten Oberkiefern und intakten Einzelzähnen
Relativer Jahrgangsdurchschnitt der Altersgruppe 1/4 bis 6 Jahre	4,4	2,5	2,2
Relativer Jahrgangsdurchschnitt der Altersgruppe 6 bis 20 Jahre	2,1	2,1	2,6
Relativer Jahrgangsdurchschnitt der Altersgruppe 20 bis 50 Jahre	0,96	1,2	1,3

Auch in Taubach handelt es sich um einen Elephanten, der noch in diluvialer Zeit erloschen ist. Und der Zeitpunkt des Erlöschens lag dem Taubacher El. antiquus nicht ferner als dem Predmoster Mammut. Wir werden deshalb von vornherein mit einem besonders starken Vermehrungskoëfizienten für den El. antiquus der Taubacher Zeit nicht rechnen dürfen, höchstens mit einem für Elephanten normalen, eher mit einem schwächeren. Und doch treffen wir gerade die jüngsten Jahrgänge außerordentlich individuenreich vertreten. Der Jahrgangsdurchschnitt der $^1/_4$—6jährigen beträgt mit 4,4 über doppelt so viel als der Jahrgangsdurchschnitt der 6—20jährigen.

Obwohl bei El. antiquus Gebißanomalien nicht zu Krankheitserscheinungen schon bei den 35—50jährigen Tieren geführt haben können, ein besonders hoher Abgang in der Altersgruppe der 20—50jährigen also nicht zu erwarten steht, ist diese Altersgruppe mit einem Jahrgangsdurchschnitt von nur 0,96 vertreten. Das sind sehr beträchtliche Abweichungen von der normalen Altersstaffelung in einer Elephantenherde. Ich sehe in diesen Zahlen ebenso wie in den Fundverhältnissen den schlüssigen Beweis, daß im Taubacher Elephantenmaterial nicht die Reste einer Herde vorliegen, daß die ganz besondere Art der Altersstaffelung innerhalb dieses Materials nur in der Jagdauslese des Menschen begründet sein kann.

Und das gleiche gilt für das Elephantenmaterial aus dem altersgleichen unteren Kalktuff von Ehringsdorf, das trotz seines geringen Umfangs und des dadurch möglichen stärkeren Hervortretens von Zufallsmomenten, eine der Taubacher im Prinzip ähnliche Altersstaffelung erkennen läßt. Die Reste von 10 Individuen verteilen sich folgendermaßen auf die einzelnen Altersstufen:

$^1/_4$—6jährig	6—20jährig	20—50jährig	50—?jährig
20%	20%	40%	20%

Die gleichen Prozentzahlen erhalten wir, und in gewissem Maße zufälligerweise, wenn wir nur die 5 bisher aus der Homo-Fundschicht (Bruch Kämpfe) bekannten Individuen der Rechnung zugrunde legen. Übereinstimmend mit Taubach und abweichend von Predmost ist vor allem der große Unterschied zwischen dem Jahrgangsdurchschnitt der $^1/_4$—6jährigen und dem Jahrgangsdurchschnitt der 6—20jährigen Tiere, sie verhalten sich wie 3,5 : 1,4. Daß die menschliche Jagd hier ausschließlich die Zusammensetzung des fossilen Materials bedingt hat, geht im übrigen aus den Fundverhältnissen ganz eindeutig hervor.

Wenn Profé meinte, daß „mit dem nachgewiesenen Zahlenverhältnis von Predmost auch die stärkste Stütze" meiner Beweisführung fällt, so kann ich dem auf Grund der soeben vorgetragenen Tatsachen und Erwägungen keinesfalls zustimmen. Ich sehe vielmehr in dem Unterschied zwischen den für Taubach und für Predmost gewonnenen Zahlen einen weiteren Beweis für die Elephantenjagd der altpaläolithischen Taubacher Jäger.

3. Jagdmethoden der Gegenwart und die Jagdmethode der diluvialen Jäger.

Ich bin früher unter Berücksichtigung der heute von einfachen Völkerstämmen in Waldgebieten betriebenen Jagden auf Elephanten, unter Berücksichtigung der Bewaffnung der altpaläolithischen Jäger von Taubach, der Zusammensetzung ihres Beutematerials und der Fundumstände zu dem Resultat gekommen, daß in Taubach Elephas antiquus in Fallgruben gefangen worden sein muß. Heute beurteile ich die Bewaffnung der Taubacher Jäger günstiger, nehme an, daß sie reine Holzspeere besessen haben und es erhebt sich die Frage, ob ihnen unter diesen Umständen nicht eine andere Jagd möglich war, die ebenfalls die Fundumstände und das Massenverhältnis im Beutematerial erklären kann.

Von vornherein scheiden bei unseren Betrachtungen aus alle Jagdmethoden, die in der Steppe, also in einer in Taubach und seiner weiteren Umgebung damals nachweislich — laut Flora und Fauna — nicht vorhandenen Form der Landschaft heute betrieben werden. Es scheidet als wichtiger Jagdfaktor in den Steppengebieten der Gegenwart hier völlig aus das Feuer, das bei keinerlei Jagd in Waldgebieten eine Rolle spielt, das Noack aber merkwürdigerweise für die Elephantenjagd der Taubacher Jäger mit heranziehen, mit dem er gerade das Überwiegen junger Tiere in der Beute erklären will. Ausscheiden müssen wir von vornherein auch die in den Waldgebieten Indiens betriebenen Fangmethoden, die auf einem Treiben der Herden in vorher im Walde angelegte Hürden beruhen. Wenn ein Herstellen solcher Hürden durch Holzwerk und Geflecht dem Moustierjäger Taubachs auch möglich gewesen sein sollte, so hätte er bei dieser Methode doch stets Herden erbeuten müssen. Daß dieses nicht geschah, beweist das Massenverhältnis alter und junger Tiere im fossilen Material. Zur Diskussion stehen aus der Gegenwart nur folgende 3 Arten von Elephantenjagd: Speeren der Tiere vom Baumsitz aus, Speeren oder Erschlagen der Tiere mittels primitiver Fallvorrichtungen, Fangen in Fallgruben.

Die „Baumjagd“ wird in einigen Gebieten Afrikas sowohl gegen Elephanten als gegen Nashörner angewandt. Vom Hochsitz aus wird dem unten durchziehenden Wild — es werden an begangenen Wechseln stehende Bäume benutzt — ein Stoßspeer mit eiserner, handbreiter, doppelschneidiger Klinge in den Rücken zwischen die Schulterblätter gestoßen. Es ist mir nichts darüber bekannt geworden, ob bei gut angebrachtem Stoß dem Tier noch eine Flucht möglich ist oder ob es an Ort und Stelle den weiteren Angriffen erliegt. Für die runden oder rundovalen Holzspeere der Paläolithiker ist von vornherein eine gleiche Wirkung wie mit breitem, doppelschneidigem Eisenspeer ausgeschlossen. Die Wunde müßte, wurde solche Jagd geübt, auf jeden Fall bedeutend harmloser ausgefallen sein. Auch ein Schleudern vieler Speere — was heute bei dieser Jagd nicht geschieht — vom gesicherten Hochsitz auf ein Tier bessert die Aussichten, das Tier an Ort und Stelle zu bezwingen, nicht wesentlich, da die Elephanten nach Aussage aller Elephantenjäger äußerst zählebig sind und eine große „Fluchtkraft" besitzen, den getroffenen Stücken mit hoher Wahrscheinlichkeit also eine Flucht möglich war. Die Fundverhältnisse in Taubach, die große Häufigkeit von großen Kieferstücken, sowohl des Ober- als des Unterkiefers, von Backzähnen und Stoßzähnen, schließlich von großen, vielfach nicht zerschlagenen Knochen, also von Resten des Skeletts, deren Wert für die paläolithischen Jäger des Moustérien nicht erkennbar ist, die ausgenommen die Stoßzähne heute von Elephanten jagenden Eingeborenen niemals von dem Ort der Erbeutung mit nach Hause geschleppt werden, weisen sehr bestimmt darauf hin, daß die Tiere in der Nähe der Stelle erlegt wurden, wo wir heute ihre Reste im Tuffkalk eingebettet finden; daß Jagden, die dem Wild eine Flucht gestatteten und dem Jäger das Tier weit entfernt vom Orte des Jagdbeginns erst in die Hände lieferten, hier nicht in Betracht kommen können. Zudem ist bei dieser Jagdmethode ein Überwiegen der jungen Tiere ganz unerklärlich. Denn es besteht, ganz abgesehen davon, daß der Jäger ja gar nicht vorher weiß, ob überhaupt ein Elephant unter seinem Baum gerade stoßrecht durchkommen wird, absolut keine größere Wahrscheinlichkeit dafür, daß gerade ein junger Elefant unter dem Baum vorüberwechseln müßte. Im Gegenteil, nach der Wahrscheinlichkeit müßten bei dieser Jagdmethode mehr ausgewachsene, in der Vollkraft stehende Individuen erlegt werden, da in einer Herde Tiere von über 20 Jahren numerisch die $^1/_4$—20 jährigen überwiegen. Um gerade die jungen, kleinen Tiere mit der Stoßlanze tödlich zu treffen, müßte der Jäger ferner beträchlich tiefer sitzen, als um ein großes zu erbeuten. Bei der Ungewißheit, ob ein großer oder kleiner Elephant durchzieht und bei der größeren Wahrscheinlichkeit, daß es ein großer ist, auf den er zum Stoß kommt, wäre die Wahl eines besonders tiefen Jagdsitzes unpraktisch und gefährlich, da der Jäger damit in den Wehrbereich des großeu Tieres rückt, das als Mutter sein junges gegen Angriffe zu verteidigen pflegt. Es ist ganz augenscheinlich, daß diese Jagdmethode von den Moustierjägern von Taubach nicht geübt worden sein kann. Wir können für Taubach überhaupt jede Angriffsjagd ausschließen, — eingehende Erörterungen über solche Jagdmethoden finden sich im Abschnitt über die Mammutjagd — da die Jäger mit ihren Holzwaffen, auch wenn 20 Speere ein Tier trafen, niemals eine Flucht verhindern konnten, die das Tier dem Jäger weit vom Schußort erst in die Hände lieferte, aus obengenannten Gründen aber ein Erbeuten in nächster Nähe der Fundstelle der fossilen Reste stattgefunden haben muß. Über die Zählebigkeit der Elephanten habe ich mich a. O. l. c. Anm. 1 und nochmals in den hinten folgenden Darlegungen über die Mammutjagd ausgelassen; ich verweise hier auf diese Ausführungen und vor allem auf Brehm, aus dem ich geschöpft habe.

Eine zweite Jagdmethode, die Weule aus Deutschostafrika beschrieb, beruht darauf, daß eine über dem Wechsel im Gras oder Buschwerk ausgespannte Schnur in dem Moment, da der Fuß des schreitenden Elephanten sie berührt, durch einfache Hebelvorrichtung einen oben im Astwerk verdeckten Holzklotz mit Eisenspitze auslöst, der dem Elephanten ins Genick fällt. Diese Methode könnte, ersetzen wir die Eisenspitze durch eine Holzspitze oder einen kurzen Holzschaft mit eingelassener Feuersteinspitze, dem Paläolithiker Taubachs vom Standpunkt seiner technischen Mittel vielleicht möglich gewesen sein; die Schwere des herabstürzenden Klotzes konnte die Mängel einer Stein- oder Holzspitze wohl ausgleichen. Auf diese Weise würde aber stets nur der vorderste Elephant einer auf dem Wechsel ziehenden Herde erlegt werden, — auf dem Wechsel gehen Elephanten bekanntlich im Gänsemarsch — das ist aber stets ein älteres, weibliches Tier. Diese Jagdmethode kann also das merkwürdige Überwiegen junger und sehr junger Tiere in Taubach nicht erklären und kommt deshalb nicht in Betracht.

Es bleibt von den in der Gegenwart betriebenen Jagdmethoden nur der Fallgrubenfang übrig, den ich früher schon für die Moustérienjäger Taubachs, für diluviale Elephantenjäger überhaupt, zu begründen suchte. Dagegen sind zwei Einwände erhoben worden. Profé und Noack glauben nicht, daß die Taubacher Jäger Werkzeuge besaßen, die ihnen die Anlage von Fallgruben gestatteten, verurteilen also vom paläotechnischen Standpunkt aus die Fallgrubenjagd. Ferner sucht Profé wahrscheinlich zu machen, daß Fallgrubenjagd nicht das Überwiegen junger Tiere in der Beute erklären könnte.

Gestehen wir den Paläolithikern mit Noack Holzwaffen zu, so müssen wir ihnen konsequenterweise auch den Besitz von hölzernen „Grabstöcken“ zugestehen, wie sie verschiedene Stämme auf primitiver Kulturstufe, z. B. die Buschmänner, heute besitzen. Mit Hilfe solcher Grabstöcke — jedes größere Werk über Völkerkunde, z. B. Ratzel, unterrichtet über Gestalt und Gebrauch dieses Werkzeuges — war es aber durchaus möglich in nicht hartem Boden in verhältnismäßig kurzer Zeit Gruben anzulegen, mit denen Elephanten erbeutet werden konnten. Es sind ja zu diesem Zwecke keineswegs übermäßig große Gruben nötig, keineswegs so geräumige als sie die dem Noackschen Aufsatz über Mammutjagd beigegebene bunte Tafel zeigt. In etwas versumpften Gebieten, in Flußtälern mit weit verbreitetem Sandboden, schließlich in der engeren Flußaue selbst mit lockeren, d. h. leicht abzugrabenden, mit den Händen auszuschaufelnden Sand und Sandschlickmassen, konnte die Anlage solcher Gruben dem Paläolithiker keineswegs besondere Schwierigkeiten bereiten und brauchte nicht, wie Noack meint, viele Wochen in Anspruch zu nehmen. Solche Gebiete, die von den wasserliebenden Elephanten und Nashörnern in früheren Zeiten wie heutigen Tages ständig aufgesucht wurden, boten der Fallgrubenjagd aber noch weitere, ganz besonders günstige Aussichten. Bekanntlich paddeln sich Elephanten in trockenem Sandboden häufig „tiefe, der Größe der Elephanten entsprechende Kessel“ aus; geschieht das bei den Elephanten vorwiegend auf trockenem, staubigen Grund, so haben die Nashörner große Vorliebe für „Suhlen“ in feuchtem, sumpfigem Terrain. An solchen wasserreichen Stellen mit Lehm- und Schlickböden, also zumeist in der Nachbarschaft der Tränken, wühlen sich Nashörner stets große „Suhllöcher“ aus, und es ist äußerst wahrscheinlich, ja sicher, daß in der nächsten Umgebung des Taubacher Gebiets, daß in der Ilmaue, die — wie wir aus floristischen und allgemein geologischen Daten erschließen können, — diesen Tieren geradezu ideale Lebensbedingungen bot, solche Suhllöcher entsprechend der großen Häufigkeit der Art in der damaligen Tierwelt in großer Zahl vorhanden waren. Was lag näher für die Jäger als diese Suhllöcher ihrer Jagd nutzbar zu machen, sie durch Einsetzen spitzer Holzpfähle auf dem Grunde, durch Verblenden mit Holz und Buschwerk und aufgestreuter Losung der Tiere in Fallgruben umzugestalten? Aus solchen tiefen, halbkugelförmigen Wannen Fallgruben mit steilen Wänden herzustellen — oft dürfte das gar nicht nötig gewesen sein, vielleicht nur auf der Stelle wünschenswert, von welcher das Tier herankommen mußte, um den Sturz recht plötzlich zu machen — war mit Hilfe der „Grabstöcke", mit Hilfe der Hände für den Paläolithiker durchaus keine unmögliche Arbeit. Eine solche in der Ilmaue und vor allem auf der wasserüberrieselten Oberfläche der älteren Ilmterrasse, in direkter Nachbarschaft des Bildungsbereichs des Tuffkalks betriebene Fallgrubenjagd wird vor allem auch der Tatsache gerecht, daß wir an der Fundstelle so viel gerade von denjenigen Skeletteilen der Beutetiere finden, die für den Paläolithiker augenscheinlich ganz unbrauchbar waren, die er von entlegenen Jagdplätzen nicht herbeigeschleppt haben kann, um sie in die Tümpel und Wasserbecken zu versenken, die über der älteren Ilmterrasse im Ablagerungsbereich des älteren Tuffkalkes zahlreich vorhanden waren. Benutzte der Jäger aber immer wieder die in der Nähe liegenden Suhllöcher als Fallgruben, so ist leicht verständlich, daß er nach gelungenem Fang die Grube wieder völlig leerte und alle für ihn unbrauchbaren Reste des Beutetiers in die benachbarten Tümpel versenkte, alle Spuren seiner Jagd verwischte, um die Grube benutzbar zu erhalten, und auch um keine Raubtiere anzulocken.

Vom paläotechnischen Standpunkt aus sehe ich also absolut keine Bedenken gegen eine Fallgrubenjagd.

Gegenüber dem zweiten Einwand, daß Fallgrubenfang nicht das Überwiegen junger Tiere erklären könnte resp. ein solches Überwiegen nicht bedingen müßte, sei auf folgendes hingewiesen. Bei wandernden Elephantenherden gehen, wie mir der bekannte Afrikaforscher Prof. Pechuel-Loesche auf eine Anfrage vor mehreren Jahren mitteilte und wie auch im neusten Brehm zu finden ist, Muttertiere mit den Jungen voran; sie geben gewissermaßen das Tempo an. Dieser Vortrab muß die durch Fallgruben gefährdete Zone also zuerst erreichen. Da in diesem Vortrab, aus dem die alten männlichen und die kinderlosen weiblichen Tiere ausgeschieden sind, junge Tiere relativ viel häufiger sein müssen als in der ganzen Herde, ja sich hier vielleicht zu den alten wie 1 : 1 verhalten, da ferner die Gefährdung der noch wenig gewitzigten jungen Tiere eine größere sein muß als die der erfahrenen alten, so ist in einer diesem Vortrab entnommenen Beute ein dem in Taubach nachgewiesenen ungefähr entsprechendes Massenverhältnis alter und junger Tiere ganz selbstverständlich. Da die Fallgruben auf breiter Fläche wohl dort angelegt waren, wo die Herde nach Verlassen des engeren Wechsels den „Gänsemarsch" aufgibt und in breiterer Front dem Wasser zustrebt, so ist es gar nicht nötig, daß jedesmal das führende, alte weibliche Tier auch einer Fallgrube zum Opfer fällt. Waren die Fallgruben aber relativ klein im Verhältnis zur Größe eines ausgewachsenen Elephas antiquus — wegen Benutzung der an sich kleineren Suhllöcher der Nashörner oder weil die Anlage großer Gruben dem Paläolithiker wirklich aus technischen Gründen in wünschenswert kurzer Zeit nicht möglich war — so ist klar, daß durch sie größere Tiere überhaupt weniger gefährdet wurden als kleine, daß sie teilweise über die Gruben einfach hinwegschritten, in die die kleineren unfehlbar stürzen mußten, daß sie schließlich, selbst wenn sie einbrachen, sich doch nicht so stark verletzten, daß sie sich nicht selbst wieder hätten herausarbeiten und eine Flucht versuchen können. Solcher Fallgrubenfang ist also sehr wohl, und von allen möglichen Jagdarten allein imstande, das in dem Taubacher Elephantenmaterial nachgewiesene Massenverhältnis alter und junger Tiere zu erklären. Auch heute noch werden in Fallgruben vor allem junge Tiere gefangen. Kormos[23]) zitiert Kaufmann (Aus Indiens Dschungeln, Bd. II. p. 240, 1911) dafür, daß „in Afrika, besonders aber in Indien, wo man wilde Elephanten auch heute noch mittelst Gruben fängt“, „zumeist jugendliche Tiere in Gefangenschaft“ fallen.

Ich sehe keinen Grund, der gegenüber den vorgetragenen Tatsachen und Erwägungen gegen eine Fallgrubenjagd der Taubacher Jäger geltend gemacht werden könnte.

Berücksichtigt man bei Beurteilung der Elephantenjagd der Taubacher Moustérienjäger alle in Betracht kommenden Momente, also Fundumstände, Zusammensetzung des Knochen- und Gebißmaterials der erbeuteten Tiere nach Altersstufen, Lebensweise und Wehrhaftigkeit des Wildes, Jagdarten primitiver Stämme auf Elephanten in der Gegenwart, schließlich Jagdmöglichkeiten des paläolithischen Jägers auf Grund seiner durch die Feuersteinartefakte belegten Kulturhöhe, so kann man konsequenterweise nur zu einem Schlusse kommen: Die Moustérienjäger von Taubach haben den Waldelephanten in Fallgruben gefangen.

[23]) Th. Kormos, Die paläolithische Ansiedlung bei Tata. Mitt. aus d. Jahrb. d. Kgl. ungar. geol. Reichsanstalt. XX. Bd., 1. H. 1912.

4. Elephantenjagd des Homo Heidelbergensis.

Das gleiche auffällige Massenverhältnis zwischen alten und jungen Tieren wie in Taubach fand ich in dem fossilen Material des Elephas antiquus aus den Kiesen von Mauer bei Heidelberg, die beträchtlich älter sind als die der 3. Zwischeneiszeit zuzurechnenden Tuffkalke von Taubach und zu ihrem größten Teil der 1. Zwischeneiszeit angehören. 25,5% Tiere im Alter von $^1/_4$—6 Jahren in Taubach entsprechen in Mauer 31,1%, 28,8% Tieren im Alter von 6—20 Jahren in Taubach entsprechen 26,6% in Mauer. In diesem Moment unterscheidet sich Mauer also genau so wie Taubach von allen reicheren Fundstellen, an denen der Mensch nicht nachgewiesen ist, also einen Einfluß auf die Zusammensetzung des auf uns gekommenen fossilen Materials nicht gehabt haben kann. Das merkwürdige Massenverhältnis zwischen jungen und alten Elephanten scheint also an das gleichzeitige Vorkommen des Menschen gebunden. Da für Taubach evident ist, daß nur die menschliche Jagd dieses Verhältnis hervorgebracht haben kann, habe ich früher auch für Mauer den Einfluß des Menschen als urhebend, also eine Fallgrubenjagd des Homo Heidelbergensis angenommen. Eine andere Jagdmethode, irgendeine Angriffsjagd könnte bei Menschen, die vielleicht noch auf einer eolithischen Kulturstufe standen, noch viel weniger in Frage kommen als für Taubach. Gegen diese Ausdeutung des Fundbestandes sind mir mündlich von befreundeter Seite wiederholt Einwendungen gemacht worden, ohne daß meine Hypothese durch eine befriedigendere oder auch nur wahrscheinlichere Erklärung des Tatbestandes ersetzt werden konnte. Die vorgebrachte Ansicht, daß die besondere Lage der Örtlichkeit im Bereich einer relativ engen Flußschlinge großen Raubtieren hier besonders günstige Gelegenheit bot, junge Elephanten zu erbeuten, ist keineswegs stichhaltig. Von den in Mauer vorkommenden Raubtieren — Löwe, Panter, Wildkatze, Hyäne, 2 Bären, kleiner Wolf — kann als gefährlicher Feind sehr junger Elephanten auf Grund von Beobachtungen aus der Gegenwart ausschließlich der Löwe in Frage kommen. Dieser erbeutet heute nachweislich junge Elephanten nur sehr selten und überhaupt nur sehr junge Kälber. Die Mehrzahl der jungen Tiere in Mauer hatte aber, wie ich früher schon betonte, das Alter überschritten, in dem die Tiere durch den Löwen gefärdet sind; es sind zumeist Tiere, die der Obhut der Mutter eben entwachsen wollen oder entwachsen sind. Bot die Lage der Örtlichkeit, die Art ihrer Umgebung usw. dem Löwen besonders günstige Gelegenheit,

Elephanten zu erbeuten, so müßte doch, meine ich, eine noch günstigere Gelegenheit auf solche Arten bestanden haben, die viel weniger wehrfähig sind als Elephanten, die aber laut fossilem Material häufiger oder ebenso häufig waren und wie Hirsch, Reh, Bison, Elch, Pferd Größenstufen angehören, unter denen heute noch der Löwe am liebsten, ja ausschließlich seine Beute sucht. Bei der Häufigkeit dieser Arten in der Mauerer Fauna ist es aber ganz unverständlich, weshalb der Löwe sich so stark auf ein Wild verlegt haben sollte, das er heute so selten jagt, ja meidet. Das wäre in der Tat nur bei sehr großer Armut an anderen Arten verständlich. Wären aber Raubtiere für das auffällige Massenverhältnis in Mauer verantwortlich zu machen, so wäre es sehr merkwürdig, daß in der Fauna von Mosbach, in der Raubtiere eine größere, zum mindesten eine ebenso große Rolle spielen wie in Mauer, das Massenverhältnis alter zu jungen Elephanten ein grundsätzliches anderes ist, also von einer auch nur einigermaßen so intensiven Raubtierjagd auf Elephanten, wie wir sie in Mauer annehmen müßten, gar nicht die Rede sein kann. Ich finde aus diesen Gründen heute wie früher für das Massenverhältnis eine Erklärung nur in der Anwesenheit des Menschen, als dem einzigen prinzipiellen Unterschied, der zwischen der Fauna von Mauer und den Faunen besteht, in denen das Massenverhältnis zwischen alten und jungen Elephanten ein anderes, nämlich ein im Hinblick auf die Entstehungbedingungen Knochen führender Schichten „normales" ist.

Die Frage, auf welche Weise der Mensch in Mauer die Elephanten erlegt hat, findet eine Antwort aus den für Taubach festgestellten Verhältnissen. Über die Kulturstufe des Homo Heidelbergensis können wir, da uns Artefakte fehlen, nur sagen, daß sie zeitlich weit vor dem Chelléen liegt, günstigstenfalls ein primitives Prächelléen sein kann, möglicherweise eine eolithische Stufe; also Benutzung passend erscheinender Steine, wie sie die Natur bietet, kein Zuschlagen der Steine zu bestimmten Formen, zu besimmten Zwecken, kein Retouchieren. Ob er fähig war, Holzwaffen sich zu fertigen, ist in gewissen Grenzen wahrscheinlich. Ein Vergleich mit den Tasmaniern, die gute Holzwaffen besaßen, ist deshalb nicht ohne weiteres statthaft, da viele „Eolithen" der Tasmanier gar keine Eolithen sind, sondern Werkzeuge von ausgesprochenem Moustériencharakter mit recht gut retouchierten Kanten. In gewissen Grenzen dürfte dem Mauerer Jäger aber ein Gebrauch des Holzes möglich gewesen sein. Holzpfähle kann man mit Feuer und jedem gekanteten Stein von einiger Härte leicht zuschärfen und mit einer recht achtbaren Spitze versehen.

Die Tatsache, daß das Massenverhältnis junger und alter Elephanten unter der Beute des Mauerer und des Taubacher Jägers genau das gleiche ist, rechtfertigt von vornherein den Schluß, daß die Jagdmethode dieselbe oder doch eine äußerst ähnliche gewesen sein muß. Die für Taubach aber als unmöglich erwiesenen Jagdmethoden sind es für den Mauerer Menschen mit viel primitiverer Kultur, mit geringerer Angriffskraft, mit einer viel weniger gefestigten Position innerhalb einer zahlreichen große Raubtiere umschließenden Tierwelt noch viel mehr. Diskutabel und möglich bleibt nur die Fallgrubenjagd. Auch in Mauer, an der seeartig erweiterten Flußschlinge boten sich die Suhllöcher der sehr zahlreichen Nashörner als einfache Fallgruben dar, die selbst der primitivste Jäger mit Holzpfählen versehen und oben verblenden konnte. Ich sehe gegen eine solche Annahme, die allein imstande ist, den Tatbestand zu erklären, keine diskutabelen Bedenken. Ich halte also auch heute noch das mit Taubach übereinstimmende Massenverhältnis alter und junger Elephanten in Mauer für beweisend dafür, daß Homo Heidelbergensis Elephanten in einfachen Fallgruben gefangen hat, nachdem aus der Biologie der Fauna, aus den geographischen Verhältnissen der Örtlichkeit und anderen Daten eine nur einigermaßen befriedigende, nicht sofort durch Vergleiche mit den Verhältnissen anderer Fundorte zu widerlegende Deutung unmöglich war.

Außer in Taubach und Mauer ist Elephas antiquus zweifellos noch an vielen Örtlichkeiten auf ähnliche Weise erbeutet worden, ohne daß die Zeugnisse solcher Jagd alle auf uns gekommen oder schon alle aufgedeckt wären. Sehr wahrscheinlich ist sie jedenfalls für verschiedene Vorkommen im Themsetal und für verschiedene Fundstellen in Frankreich. Der bündige Nachweis hat für diese Örtlichkeiten mangels einer genauen Statistik des fossilen Materials aber noch nicht erbracht werden können.

5. Das Aussterben des Waldelephanten.

Diese Jagd ist nicht die Ursache des Erlöschens des Waldelephanten gewesen, wie überhaupt die menschliche Jagd zur Diluvialzeit ziemlich bedeutungslos war für das Verschwinden einer Reihe großer Säuger während oder am Ende dieser Periode. Das

Aussterben hat, wie ich früher (l. c. Anm. 1) ausführte, in der Entwicklung der Stämme begründete Ursachen. Meinen Ansichten in diesen Fragen hat sich Profé angeschlossen, ja er geht darin noch weiter als ich und leugnet auf Grund seiner Annahme, daß der diluviale Mensch in Taubach und wohl überhaupt den Elephanten nicht gejagt habe, jeden Einfluß des Menschen auf das Verschwinden des Elephas antiquus und Rhinoceros Merkii. Ich habe für das Erlöschen dieser Arten letzten Endes auch nicht den Menschen verantwortlich gemacht — was man aus Profés Ausführungen (l. c. Anm. 3, S. 119) allerdings leicht herauslesen könnte — aber doch gerade hier, wo seine Jagd laut Fossilmaterial wirklich ziemlich erfolgreich war und besonders den Nachwuchs stark lichtete, seine lokal beschränkte ausrottende Tätigkeit betont. Ich bin heute noch dieser Ansicht.

Elephas antiquus und das später zu besprechende Rhinoceros Merkii wären natürlich auch ohne menschliche Jagd noch vor dem Ausklingen der Diluvialzeit erloschen. Beide Arten waren in eine Entwicklung gedrängt, die bei Änderung ihrer spezifischen Lebensbedingungen, wie sie im Gefolge eines Klimaumschwungs eintreten kann, zum Erlöschen führen mußte. Vom Beginn eines solchen Umschwungs an waren es also gewissermaßen erlöschende Arten. Wie äußert sich ein solches allmähliches Erlöschen? Sicher nicht ausschließlich in einer Häufung pathologischer Erscheinungen am Individuum. Natürlich wird die Art, deren Leben an andere als an die neueingetretenen Bedingungen in extremer Weise angepaßt war, in ihren einzelnen Individuen Krankheiten, Epidemien usw. besonders zugänglich sein und dadurch Abbruch erleiden. Als letzte Ursache des Erlöschens ist doch aber der Umstand zu betrachten, daß die neuen Lebensbedingungen für die Lebenshaltung des Individuums so viel Kräfte absorbierten, daß dadurch die Zeugungsfähigkeit, Fruchtbarkeit herabgesetzt wurde. Dem Nationalökonomen ist diese Erscheinung am Menschen wohl bekannt. Wird der Kampf um die Existenz größer und schärfer, so führt das zum Rückgang der Vermehrungsmöglichkeit und der Vermehrung und damit natürlich konsequenterweise zum Erlöschen der Art. Sehr stark an bestimmte Bedingungen angepaßte, mit einem Wort spezialisierte Arten, werden also bei der Änderung dieser Bedingungen einen fortschreitenden Rückgang ihrer Vermehrungsmöglichkeit erleiden.

Zur Zeit der Mauerer und wohl auch zur Zeit der Taubacher Jäger dürfte Elephas antiquus allerdings noch nicht in dieses Stadium gedrängt gewesen sein, der entscheidende Umschwung in den Lebensverhältnissen wird erst nach der Taubacher Zeit und wahrscheinlich mit dem Beginn der 4. Eiszeit eingetreten sein. Der sehr erfolgreichen Jagd des Menschen aber, der mit der Höherentwicklung seiner Kultur und der damit verbundenen Verbesserung seiner Lebensbedingungen, die Möglichkeit wachsender Vermehrung erwarb, gerade vor Eintritt dieses Umschwunges, kann ein gewisser — ich sage nicht entscheidender — Einfluß keineswegs abgesprochen werden. Schon allein der Umstand, daß die Art in gewissen Landstrichen durch fortdauernde Vernichtung des Nachwuchses an Bestand einbüßte, daß das weite Verbreitungsgebiet der Art durch solche an Zahl allmählich zunehmenden lokalen „Jagdplätze" oder Gebiete dauernder Beunruhigung abgeteilt wurde in dicht und weniger dicht bestandene Gebiete, konnte nicht ohne Bedeutung bleiben in dem Moment, wo mit dem Umschwung der Geburtenrückgang und größere Sterblichkeit einsetzten. Von diesem Moment an muß die menschliche Jagd den Niedergang der Art mindestens lokal beschleunigt haben. Ein anhaltender Konnex des ganzen Bestandes durch in ihren Wanderungen nicht behelligte Herden konnte selbstverständlich dem Niedergang erfolgreicher widerstehen als durch menschliche Jagd getrennte, oder doch in ihrem Zusammenhang etwas gelockerte Bestände. Denn gerade bei Arten, die erlöschen müssen, wird Inzucht auch in wenig ausgesprochener Form von besonderer Wirkung sein. Daß menschliche Jagd, solange sie nur der Ernährung halber und mit einfachen Waffen betrieben wird, den Bestand einer lebenskräftigen Art nicht beträchtlich mindern oder gar gefährden kann, beweist der afrikanische Elephant, der des Fleisches wegen seit sehr langer Zeit von den Negern gejagt, von den Europäern aber trotzdem einst in sehr zahlreichen und großen Herden angetroffen wurde. Wo die primitive Jagd als ein das Erlöschen einer Art beschleunigender Faktor erscheint, ist unbedingte Voraussetzung eine aus tieferen Ursachen fließende Minderung der Lebensmöglichkeit dieser Art.

Daß Elephas antiquus nicht der menschlichen Jagd erlag, beweist schließlich die Tatsache, daß er resp. seine asiatische Wanderform Elephas antiquus namadicus auch dort erlosch, wo die Lebensverhältnisse den Menschen nicht in dem Maße als in Europa auf die Jagd verwiesen, wo sich reine Jägervölker überhaupt niemals entwickelt haben.

VII. Die Jagd auf das Mammut.

(Elephas primigenius Blumenb.)

Unter wesentlich anderen Bedingungen als auf den Waldelephanten, Elephas antiquus, erfolgte die Jagd der Paläolithiker auf das Mammut, den Elephanten der eiszeitlichen Steppen. Dabei ist es nicht nur der ganz andere Charakter seiner Wohngebiete, in denen der Wald nur als Oase oder als „Galerie“ an den Ufern der Ströme eine bescheidene Rolle spielte, der der Jagd ganz bestimmte neue Möglichkeiten eröffnete, andere oben diskutierte von vornherein ausschloß. Das Verhältnis zwischen Jäger und Mammut ist in zweifacher Hinsicht ein anderes als zwischen Jäger und Waldelephant; diese Änderung betrifft einmal die „Schutzkraft“ des Wildes und zum anderen die „Wehrkraft“ des Jägers. Von Elephas antiquus wissen wir zwar nicht, wie stark sein Haarkleid entwickelt gewesen ist; in Berücksichtigung der Tatsache aber, daß die Art in ozeanischen Klimagebieten zu Hause war, daß sie als ausgesprochener Waldbewohner ein etwa vorhandenes dichteres Haarkleid in gleicher Weise durch „Abreiben“ eingebüßt haben dürfte wie unsere heutigen Arten, — das an sich vorhandene dünne Haarkleid der heutigen Elephanten würde viel sichtbarer resp. kräftiger sein, wenn die Elephanten es nicht durch „Abreiben“ bekanntlich stark verminderten — darf man annehmen, daß Elephas antiquus keinenfalls einen so dichten Pelz getragen hat, als es für das Mammut in verschiedenen sibirischen Funden erwiesen ist. (Abb. 17 zeigt die unter Berücksichtigung der sibirischen Funde durchgeführte bildliche Rekonstruktion des Elephas primigenius Fraasi; Abb. 18 eine paläolithische Mammutzeichnung von Combarelles, auf der der Behang aus kräftigen Grannenhaaren eine beträchtliche Länge aufweist. Es erscheint bemerkenswert, daß das Mammut auch unter dem zu allen Zeiten milderen Klima Frankreichs eine so starke Behaarung besessen hat.) Desgleichen dürfte der in milderen Klimaten heimische Waldelephant keinesfalls eine so starke Fettschicht unter der Haut entwickelt haben als das Mammut in seinen beträchtlich kühleren Wohngebieten. Der größere Schutz, den das Mammut im Vergleich

Fig. 18. Rekonstruktion des Elephas primigenius Fraasi, einer älteren schwäbischen Mammutrasse, aus W. O. Dietrich: Elephas primigenius Fraasi ect.

Fig. 19. Graviertes Mammut aus Combarelles.
$^1/_{10}$ n. Gr. Nach L. Capitan, J. Peyrony und H. Breuil, aus Verworn: Ideoplastische Kunst.

mit dem Waldelephanten in einem dichten Pelz und einer dicken, bis 10 cm starken Fettschicht unter der 2 bis 3 cm starken Haut gegen Angriffe von außen besaß, wurde aber bis zu einem gewissen Grade dadurch ausgeglichen, daß die Menschen, die mit dem Mammut so recht eigentlich das Wohngebiet teilten, im allgemeinen besser bewaffnet waren als die Jäger des Waldelephanten. Wenn auch schon der altpaläolithische Mensch (Neandertalrasse) Zeitgenosse des Mammuts gewesen ist und mit ihm vielfach in direkter Nachbarschaft lebte, so sind doch erst die Rassen des Jungpaläolithikum im vollen Sinne Bewohner der freien Steppe geworden, die sie wandernd durchzogen. Erst im Jungpaläolithikum, mit dem Beginn der Aurignacperiode, finden wir den Menschen in zahlreicheren Horden in der Steppe, der eigentlichen Heimat des Mammut, erst seit dieser Zeit fällt der Schwerpunkt des Wohngebiets des europäischen diluvialen Menschen zusammen mit dem Schwerpunkt des Wohngebiets des Mammuts. Unseren Erörterungen über die Mammutjagd können wir deshalb so gut wie ausschließlich das jungpaläolithische Fundmaterial zugrunde legen, zumal in fast allen Stationen des Altpaläolithikums, soweit die bisherigen Funde unterrichten, das Mammut als nachweisliches Jagdobjekt des Menschen eine geringere Rolle spielte. Nur in der Moustérienstation von Tata ist es die herrschende Art in der menschlichen Beute und ist hier, worauf schon Kormos l. c. Anm. 23 hinwies, nach Ausweis der vorwiegend jungen Tiere ebenso in Fallgruben gefangen worden, wie der Waldelephant in Taubach. Diesen älteren Elephantenjägern gegenüber besaßen die Menschen des Jungpaläolithikums aber viel wirkungsvollere Waffen. Die Bearbeitung von Horn (Geweih) und Knochen hatte begonnen, die einfachen Holzspeere wurden ersetzt durch Speere mit langen Horn- und Knochenspitzen, die allerdings auch jetzt noch, was zu betonen ist, stets einen runden oder rundovalen Querschnitt besitzen; breite, flache, doppelschneidige Spitzen fehlen auch diesen Perioden. Ein weiterer Fortschritt besteht oder scheint zu bestehen in dem Vorhandensein von sogenannten Wurfstöcken (Propulseurs), mit deren Hilfe den Speeren größere Wurfweite, größere Durchschlagskraft verliehen werden konnte. Es ist allerdings nicht unwahrscheinlich, daß auch die Altpaläolithiker diese Wurfhölzer besessen haben, die uns aber, da sie nur aus Holz gefertigt gewesen sein können, nicht erhalten geblieben sind.

Dieser Unterschied in der Wehrhaftigkeit der beiden Jäger ist natürlich nur ein gradueller, der den besonderen Schutz, den dem Mammut gegenüber dem Waldelephanten ein dichter Pelz und eine starke Fettschicht verlieh, keineswegs ganz illusorisch machen konnte.

In den afrikanischen Steppen werden heutigen Tages drei Jagdarten auf Elephanten geübt, die wir für die paläolithischen Jäger und ihr Wild auf ihre Möglichkeit — auf Grund der Lebensweise des Mammuts, seiner Wehr- und Schutzkraft und auf Grund der Wehrhaftigkeit der Jäger — und auf ihre Wahrscheinlichkeit — auf Grund der tatsächlichen Funde — im folgenden zu prüfen haben werden. Diese Jagdmethoden der Gegenwart, sind:

1. Einkreisen von Herden durch weit angelegte Feuerbrände in Grassteppen und Erlegen der erschöpften und verwirrten Tiere durch Speere.
   Direkter Angriff auf einzelne Tiere unter Zuhilfenahme von Pferden, Lanzen und Schwert.
3. Fallgrubenfang.

1. Jagd mit Hilfe von Steppenbränden auf ganze Herden.

Das Einkreisen einer Elephantenherde in der Grassteppe durch Feuerbrände gehört zu den erfolgreichsten Jagdmethoden auf die großen Dickhäuter, ist aber nur ausführbar mit großem Menschenmaterial. Brehm sagt darüber: „Die Njam-Njam rufen durch weittönende Lärmtrommeln binnen weniger Stunden Tausende von Bewaffneten zusammen, wenn es ein wichtiges Unternehmen gilt.“ „Dies geschieht vor allem“, schreibt Schweinfurth, „wenn sich Elephanten gezeigt haben, zu deren Vernichtung die dichtesten und vom stärksten Graswuchs erfüllten Steppen eigens geschont und vor dem Steppenbrande in acht genommen zu werden pflegen. Dahinein treibt man die Tiere, umstellt den ganzen Bereich mit Leuten, die Feuerbrände bei sich führen, und der Brand beginnt von allen Seiten, bis die Elephanten teils von Rauch betäubt, teils durch Feuer selbst lahmgelegt, eine wehrlose Beute der Menschen werden und ihnen durch Lanzenwürfe der Rest gegeben wird.“ Auch im Graslande Kameruns pflegt man unter großem Menschenaufgebot die Elephantenherden mittels umfassend angelegter Grasbrände einzukreisen und zu töten. Ein sehr wichtiger Faktor dieser Jagd ist also nach diesen Angaben, wie ja auch leicht zu begreifen, ein großes Menschenmaterial. Die afrikanischen Stämme, die heute diese Jagd betreiben, sind seßhaft und deshalb, soweit man das für Stämme mit primitiver Kultur sagen kann, volkreich. Nomadenstämme vermehren sich viel langsamer, sind volkarm — man denke nur an die Buschmänner — und zu solcher Jagd deshalb von vornherein wenig prädestiniert. Daß die paläolithischen Jäger Europas vorwiegend — es mag vielleicht vereinzelte Ausnahmen in Südwesteuropa gegeben haben — nomadisierten, beweisen klar die Fundverhältnisse, das Fundmaterial fast aller paläolithischen Stationen. Es sind verschwindend wenige, deren Fundmaterial an menschlichem Gerät und an Resten der Beutetiere durch seine Menge darauf hindeutet, daß der Mensch an dieser Stelle Wochen oder gar Monate gehaust hätte. Von längeren Zeiträumen kann im Sinne einer dauernden, nicht unterbrochenen Siedelung an keiner Stelle gesprochen werden. Da nun zur Zeit des Jungpaläotithikums, dessen erste Stufen zeitlich mit der Ablagerung des jüngeren Löß zusammenfallen, das Mammut nachweislich sehr häufig war, bei Herdentieren aber ein direkter Zusammenhang besteht zwischen der allgemeinen Häufigkeit und der Kopfzahl der Herden, so müssen wir annehmen, daß das Mammut im Jungpaläolithikum im allgemeinen in sehr großen Herden verbreitet war; müssen weiter annehmen, daß zur Vernichtung solcher großer Herden durch Feuereinkreisung ein recht großes Menschenmaterial „Tausende von Bewaffneten" nötig waren. Die bisherigen Funde aus paläolithischen Stationen berechtigen uns aber nicht auch nur Hunderte von Bewaffneten in einer Wanderhorde vorauszusetzen. Diese Tatsachen und Erwägungen lassen eine solche Jagd für den Paläolithiker sehr unwahrscheinlich erscheinen, rechtfertigen zum mindesten den Schluß, daß diese Methode der Mammutjagd bei den Paläolithikern nicht die Rolle gespielt haben kann wie bei den Elephanten jagenden Eingeborenen der afrikanischen Steppengebiete heutigen Tages.

Sehen wir uns schließlich unter den paläolithischen Funden Mitteleuropas um, so können wir auch keinen einzigen aufführen, für den mit einiger Sicherheit eine Erbeutung einer auch nur kleinen Mammutherde vermittels dieser Jagdmethode erwiesen werden oder aus allen Fundumständen wahrscheinlich gemacht werden könnte. Wäre diese Jagd gebräuchlich gewesen, die durch die reiche Beute, die sie bei relativ geringer Kraftentfaltung und Gefährdung des Jägers stets liefert, sehr verlockend sein mußte, so müßten wir doch irgendwo einmal Kohle- oder Ascheschichten, zum Teil als dünne Lagen weithin im Löß verfolgbar, zum Teil an bestimmten Stellen im Löß aufgehäuft resp. vom Winde zusammengeweht, also lokal dem Löß eingelagert, oder verschwemmt in Gehängebildungen usw. auffinden. Die wenigen Reste verkohlten Holz- oder Pflanzenmaterials, die sich an einzelnen Fundstellen gelegentlich zeigen, ebenso die Kohlepartikelchen, die Noack aus dem Löß von Thiede erwähnt und für solche Jagd für beweiskräftig hält, rühren zumeist von Herdfeuern her, ja brauchen nicht einmal von Menschen angelegten Bränden ihr Entstehen zu verdanken, geschweige denn weit ausgedehnten Bränden und beweisen für unsere Frage gar nichts. Wäre solche Jagd geübt worden, so müßten in den jeweils betroffenen Gebieten ferner in größerem Maßstabe die Kleinformen unter den Säugern der diluvialen Steppen, die durch Flucht dem Brande nicht entgehen konnten, vernichtet worden sein, Kleinformen, wie sie hier viel arten- und wohl auch individuenreicher lebten als in den heutigen afrikanischen Grassteppen. Wir müßten also im Lösse doch gelegentlich angekohlte Skelettreste dieser kleinen Steppennager und ihrer Feinde unter dem kleineren Raubzeug vorfinden oder doch über weitere Strecken hin häufiger Skelette und Skeletteile dieser kleinen Tiere, die in ihren Bauten erstickten und vom Löß eingedeckt sich bis auf den heutigen Tag erhalten haben müßten. Daß von alledem in dem zu erwartenden Ausmaße eigentlich jede Spur in dem doch recht gut aufgeschlossenen Löß fehlt, scheint mir für unsere Frage recht beachtenswert. Das fossile Material liefert also keinen Beweis dafür, daß diese Jagdmethode von den Paläolithikern geübt worden ist. Es bleibt natürlich, auch wenn bisher keine Beweise dafür erbracht werden konnten, die Möglichkeit bestehen, daß sehr kleine Mammutherden gelegentlich so erbeutet wurden; wahrscheinlich ist sogar, daß so ausschließlich auf die Jagd angewiesene Menschen sich des Feuers als Jagdmittel bedient haben. Daß das aber keinesfalls in dem Maße geschehen sein kann, als heutigen Tages bei den Eingeborenen afrikanischer Steppen, dafür sprechen die Fundumstände an allen Stellen, wo menschliche Reste oder Artefakte zusammen mit Resten erbeuteter Mammute gefunden wurden, dafür sprechen die vorgetragenen Tatsachen und Erwägungen.

2. Angriffsjagd auf einzelne Tiere.

Von direkten „Angriffsjagden“ sind heute in Steppengebieten eigentlich nur zwei dem gleichen Typus angehörige auf Elephanten in Gebrauch: Die „Schwertjagd“ im Atbaragebiet im nördlichen Abessinien und die Speerjagd der Sagumi im Tschadseegebiet. Auf schnellen Pferden verfolgen die Jäger die flüchtende Elephantenherde, isolieren ein Stück, ermüden es auf langwieriger Verfolgung, bis schließlich ein Jäger, während das Gros das ermattete Tier von vorn mit den Lanzen angreift, mit einem scharfen Schwerte von hinten die Sehnen der Hinterfüße durchschlägt oder sie mit einem Speer durchsticht. Es ist ohne weiteres klar, daß diese Jagd, die gezähmte Pferde und den Besitz einer einem scharfen Eisenschwert oder einem eisenbewehrten Speer entsprechenden Waffe voraussetzt, für den Paläolithiker, dem beides fehlte, gar nicht in Betracht kommen kann. Damit ist jede Angriffsjagd aber noch nicht ausgeschieden. Mit den recht achtbaren Speeren der Jungpaläolithiker ist ein direkter Angriff auf das riesige Wild an sich denkbar. Hauptsache ist, daß der Jäger sich nah genug heranpirschen konnte, um seine im Verhältnis zur Größe des Wildes sehr kleine Waffe mit möglichstem Erfolg zu versenden. 60—70 m dürften nach den Erfahrungen der Gegenwart die größte Entfernung bedeuten, die eine erfolgreiche Benutzung des Wurfspeers gestattet.

Wir wissen, daß Elephantenjäger auf Ceylon sich unbemerkt so nah an den wilden Elephanten heranpirschen, daß sie mit einer Schlinge seine Hinterbeine an einen Baum festmachen können. Aus solcher Nähe läßt sich ein Speer naturgemäß sehr gut anbringen, sogar als Stoßwaffe. Ich will hier nicht erörtern, ob es in den im Vergleich zu den dichten Wäldern Ceylons nur sehr wenig, oft gar keine Deckung bietenden Steppen (wo das Mammut, das wie alle Elephanten über ein nur mäßiges Auge verfügt haben dürfte, vielleicht von anderen Tieren gewarnt wurde — ich erinnere an das Verhältnis zwischen Nashornvogel und Nashorn, Strauß und Zebra und andere „Zweckfreundschaften" —) im allgemeinen möglich war, unbemerkt so nah an das Wild heranzukommen. Es sei als möglich angenommen. Dann konnte der Jäger mit Erfolg seinen Speer anbringen, führte er mehrere, so vielleicht mit ähnlichem Erfolg einen zweiten. Sofort tödlich wirkende Verwundungen oder Lähmungen kann er dem Tier auf diese Weise aber keinesfalls beigebracht haben, kann überhaupt auch aus solcher Nähe sogar mit dem Stoß keinen schnellen Erfolg erzielt haben, da bei dem gewaltigen Größenunterschied zwischen Wild und Jäger — fast alle Abbildungen zeigen, worauf Profé mit Recht hinweist, das Mammut zu klein im Verhältnis zum Menschen — der größte Teil des Leibes dem Stoß entrückt und auch aus solcher Nähe nur durch Schleudern des Speeres erreichbar war. — (Abb. 20 gibt einen ungefähren Eindruck von dem Größenverhältnis zwischen Mammut und Mensch, wenngleich die Menschen, da sie zurückstehen, auf der Photographie etwas zu klein erscheinen. Diese Verkürzung fällt für unsere Zwecke aber deshalb nicht besonders ins Gewicht, weil die Mammutjäger des Altpaläolithikums und des älteren Jungpaläolithikums auffallend kleinwüchsig waren, so daß das Größenverhältnis zwischen dem Mammut und den vorn rechts stehenden Männern dem für uns in Betracht kommenden entsprechen dürfte. Zu dem dargestellten Mammut selbst ist zu bemerken, daß die Stoßzähne falsch zusammengesetzt und falsch am Schädel orientiert sind.) — Daß diesem Speer, auch mit

Fig. 20. Mammut, Museum von St. Petersburg. Nach einer Photographie aus Obermaier l. c. Anm. 5. Über das Größenverhältnis von Menschen zu Mammut, Form und Orientierung der Stoßzähne siehe Text S. 115, 116.

gut geschärfter Knochenspitze, ein dichtes verfilztes Fell aus teilweise sehr groben Haaren (siehe Abb. 21, die ich der Liebenswürdigkeit von W. Pfizenmayer, z. Z. in Stuttgart, verdanke), eine dicke Haut und eine nicht gewöhnliche Fettschicht starken Widerstand boten, ist oben schon betont worden. Die Zahl der angebrachten Speere läßt sich durch die Annahme, daß mehrere Jäger beteiligt waren, auch nur sehr begrenzt vermehren. Ein so nahes Heranpirschen dürfte stets nur einem — wie in Ceylon — im Höchstfall 2 Jägern aus der gleichen Richtung möglich gewesen sein. Ein gleichzeitiger Angriff auf ein isoliertes Stück von verschiedenen Seiten her ist nur bei der gezwungenen Annahme absoluter Windstille denkbar, da die Elephanten eine außerordentlich feine Witte-

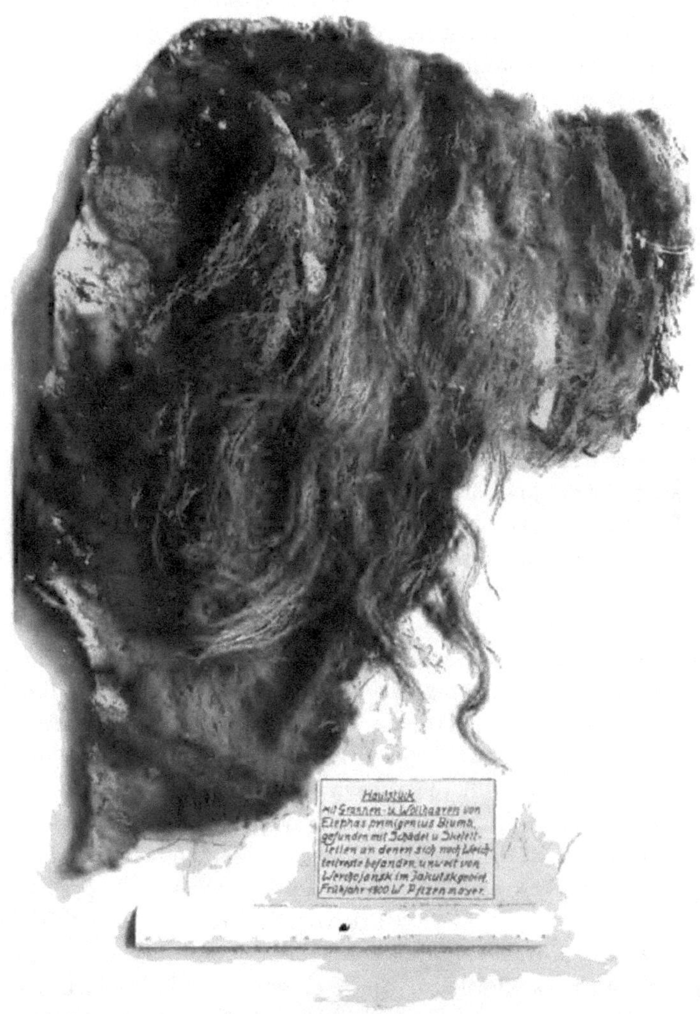

Fig. 21. Fellstück vom Mammut mit Grannen- und Wollhaaren, gefunden mit Schädel und Skeletteilen unweit von Werchojansk im Jakutsgebiet, Frühjahr 1900. ca. $^{1}/_{5}$ n. Gr. Original im Besitz von W. Pfizenmayer.

rung haben. Zudem dürfte sich das Wild nach den ersten Treffern weiteren Belästigungen durch schnellste Flucht entzogen haben, die die Jäger niemals hindern konnten. Wäre aber selbst ein kombinierter Angriff auf ein Stück möglich gewesen, was können 10, was 15 solcher Speere bedeuten für ein Tier, das in der Mehrzahl seiner Vertreter größer und gewaltiger war als unsere heutigen Elephanten, zu deren Erlegung wir die Elephantenbüchse erfunden haben; das in Pelz und Fettschicht einen viel wirkungsvolleren Schutz besaß? Über die außergewöhnliche Lebenskraft der Elephanten (Elephas africanus) lesen wir bei Brehm:

„Selous folgte der Spur eines, das er mit 5 schweren Kugeln in Leib und Kopf, für tot hatte liegen lassen und zu seinem Erstaunen nachher nicht mehr vorfand, vom frühen Morgen bis zum späten Abend und bekam es nicht einmal zu Gesicht." „Die Tiere sind zählebig, und Geschosse aus gewöhnlichen Gewehren haben höchstens die Wirkung, daß die getroffenen Stücke nachher elend zugrunde gehen. (Brehm)." Ziehen wir diese Tatsachen in Betracht, so erscheint die Annahme gerechtfertigt, daß in den allermeisten Fällen den durch Speere der Paläolithiker verwundeten Tieren eine Flucht möglich war. Und mit dieser Möglichkeit sinkt die Rentabilität dieser Jagdweise für den Paläolithiker außerordentlich herab. „Arg erschreckte oder angeschossene Tiere" — und als solche nur kann man von paläolithischen Speeren getroffene Mammute bezeichnen — „gehen stetig ohne anzuhalten 60—70 km weit und weiter (Brehm)." Wie wir später sehen werden, war es dem Paläolithiker nicht möglich, auch nur kurze Strecken eine Verfolgung im gleichen Tempo mit dem Mammut durchzuhalten. Und jede Vergrößerung des Vorsprungs des fliehenden Wildes mußte die Aussichten des Jägers verringern, da der Schweiß des getroffenen Tieres bald andere Räuber auf seine Fährte lockte, die wie Wolf und Hyäne in großen Rudeln die diluvialen Steppen bevölkerten. Fiel dem Jäger aber die Beute nach einer Verfolgung über 30—40 km schließlich zu, so ist es ausgeschlossen, daß er Teile der Beute zum Ausgangspunkt der Jagd, zu seiner Horde zurückschleppte; an Ort und Stelle müßte das Wild verzehrt worden sein und die ganze Horde müßte sich allmählich eingefunden haben. Das wäre eine sehr anstrengende, aufreibende Jagd, die Weiber und Kinder stets zu den weitesten Märschen gezwungen haben würde. Sie wäre nur begreiflich, wenn große Not dem Jäger keine Wahl ließ, wenn ihm kein anderes Wild zu Gebote stand, das er mit geringerem Aufwand an Kraft und Zeit erlegen konnte. Das ist aber im allgemeinen durchaus nicht der Fall gewesen. Bison, Rentier, Pferd waren laut Fundmaterial in der damaligen Tierwelt äußerst zahlreich, waren auch viel leichter zu erbeuten, da auf jedes dieser Tiere sein Speer in dem Maße wirkungsvoller sein mußte, als die Tiere kleiner und weniger geschützt waren als das Mammut.

Hat der Jäger sich seine Beute vor allem unter den jungen Mammuten gesucht, so erscheint die Jagd zwar etwas aussichtsvoller, da einige der eben geäußerten Bedenken nur noch in abgeschwächtem Maße Geltung haben, andererseits aber auch gefährlicher und besonders aus diesem Grunde weniger rentabel für den Jäger als jede Jagd auf anderes Wild von mittlerer Größe. Wurde ein junges Tier getroffen, so wird es, wie bei den lebenden Arten, sofort unter den Leib der Mutter verschwunden und damit, zum mindesten im Gras und Buschland, dem Blick des Jägers und weiterer Gefährdung entzogen gewesen sein. War die Verwundung keine ernste, das Tier am Laufen nicht sofort behindert, so dürfte die gesamte Herde sofort die Flucht ergriffen haben. Geht das Junge ein oder kann später infolge Entkräftung die Flucht nicht fortsetzen, so dürften Wolf und Hyäne eher zur Stelle gewesen sein als der menschliche Jäger. War die Verletzung schwer, so daß eine schnelle Flucht nicht möglich war, so wird sich wie bei den lebenden Elephanten sicher die Alte, wenn nicht die ganze Herde gegen ihre Bedränger gewandt haben, für welche die Aussichten bei einem feindlichen Zusammenstoß in der offenen, wenig Deckung bietenden Steppe äußerst ungünstig waren. Es wird auf die jeweils gegebenen Umstände, wie sie von der Szenerie der Landschaft, der Anzahl der Jäger usw. bestimmt werden, angekommen sein, ob es der Herde möglich war, ohne weitere Belästigung abzuziehen und ihren Verwundeten in Sicherheit zu bringen. Gelang es den Jägern mit einigen Treffern einem jungen Tiere schwere Verletzungen beizubringen, so dürfte es ihnen bei ihrer Ausdauer meistens auch gelungen sein, des Tieres habhaft zu werden. Der Erfolg solcher Jagdweise, auch unter Bevorzugung des Jungwildes, hing aber ausschließlich ab vom Zusammentreffen einer Reihe günstiger Umstände, auf deren Eintreten der Jäger niemals mit Bestimmtheit rechnen, auf die er keinen entscheidenden Einfluß ausüben konnte. Auf jeden Fall muß diese Jagdmethode auf Mammute gegenüber den Jagdmöglichkeiten der Jäger auf anderes Großwild, das ihm außer Fleisch und Fell noch das Rohmaterial für Knochen- und Hornwerkzeuge liefern konnte, als im höchsten Maße unrentabel und deshalb als nicht wahrscheinlich bezeichnet werden. Gegen die Annahme einer solchen Jagd spricht ferner die Tatsache, daß von den zahlreichen, viel besser bewaffneten Eingeborenenstämmen Innerafrikas ein Beschleichen von Herden und Speeren einzelner Stücke nicht geübt wird, doch wohl weil es mit zu großer Gefahr für den Jäger eine zu geringe Aussicht auf sicheren Erfolg verbindet, eben unrentabel ist.

Den Typus der im Jungpaläolithikum geübten Mammutjagd dürfte diese „Angriffsjagd" aus den genannten Gründen keinesfalls gebildet haben, wenn wir überhaupt von einem Jagdtypus bei einem Wild reden können, das nachweislich an den meisten „Stationen" nur einen sehr geringen Anteil an der tierischen Beute ausmacht, also nur gelegentlich gejagt worden ist. Rentabler konnte diese Jagd nur dort werden, wo die landschaftlichen Verhältnisse eine Zuhilfenahme weiterer Faktoren, Feuer und Fallgruben, gestatteten, wobei aber einschränkend betont werden muß, daß die geringe Kopfzahl der jagenden Horden ein Ausnützen des Feuers, ein Treiben von Herden in gewünschten Richtungen — auf Fallgruben zu — keineswegs in dem Maße gestattete, als es den heutigen Eingeborenen Afrikas möglich ist. Auf jeden Fall aber war diese Jagd möglich. Und überall dort, wo wir Mammutreste in reichlicher Menge neben wenigen Resten anderer Tiere finden zusammen mit nachweislichen Spuren menschlicher Tätigkeit, da werden wir eine solche Erbeutung in Erwägung ziehen müssen. Es bleibt dabei allerdings stets zu bedenken, daß solche Jäger, wie einige Eingeborenenstämme Afrikas, auch Aas nicht verschmäht haben dürften, also das Zusammenvorkommen von Mammutresten und menschlichen Artefakten an einer Fundstelle nicht beweisen muß, daß der Mensch die Mammute wirklich erlegt hat. Ich erinnere an die berühmte Fundstelle im Löß von Predmost in Mähren, wo der Mensch zweifellos eine schon tote Mammutherde antraf (vgl. S. 34, 35). Schließlich ist, da diese Jagdmethode junge Tiere stärker gefährden konnte als alte, überall dort die Möglichkeit solcher Erbeutung am Fundmaterial zu prüfen, wo junge Individuen überwiegend oder ausschließlich vorkommen. Und das ist die Stelle, wo sich für diese Jagdmethode im fossilen Material eine Stütze finden ließe, wenn auch dort, wie wir weiterhin sehen werden, eine andere Erklärung die höhere Wahrscheinlichkeit für sich hat. Wo es sich im Beutematerial um alte Tiere handelt, da sind die Fälle, die auf Erbeutung durch „Angriffsjagd" hindeuten, im gesamten bekannten Fundmaterial sehr selten; ein überzeugender Wahrscheinlichkeitsbeweis, der andere Möglichkeiten gänzlich ausschließt, ist eigentlich für keinen Fundplatz zu führen, das fossile Material ist für unsere Frage eigentlich niemals wirklich eindeutig.

Alles in allem wird man die Möglichkeit einer solchen Jagd wohl zugeben können, ihre Wahrscheinlichkeit aber recht gering ansetzen dürfen, da Arbeitsleistung und Gefährdung des Jägers in jedem Falle in einem Mißverhältnis standen zur Wahrscheinlichkeit des Erfolges und nach allem, was wir erschließen können, für die paläolithischen Jäger im allgemeinen nicht die Notwendigkeit vorlag, eine solche Mammutjagd der leichteren, gefahrloseren und erfolgversprechenderen Jagd auf ihm viel nützlicheres Großwild vorzuziehen.

Die Aussichten einer solchen Angriffsjagd könnten sich natürlich wesentlich erhöhen, wenn wir annehmen dürften, daß die Jäger ihre Speere mit Gift bestrichen hätten. Heute erlegen verschiedene Stämme Innerafrikas die Elephanten mit Giftpfeilen. Die Wute besitzen ein Gift aus der Madapflanze, das den Elephanten in einer halben Stunde töten soll. Eine so schnelle Wirkung erscheint mir zweifelhaft, nachdem durch zahlreiche Versuche erhärtet ist, daß der Elephant viele schwere Gifte, selbst in großen Dosen, verträgt. Daß die Fauna und Flora Europas dem diluvialen Jäger die Herstellung eines so wirkungsvollen Giftes für Elephanten nicht ermöglichte, wie es die Wute aus der Madapflanze gewinnen, ist im 2. Kapitel erörtert worden. Weniger wirkungsvolle Gifte hätten dem angeschossenen Stück aber stets eine längere Flucht ermöglicht, die die Rentabilität auch dieser Jagdmethode stark herabdrücken mußte. Wäre den Paläolithikern mittels Gift bei dieser Jagd ein schneller, unmittelbarer Erfolg möglich gewesen, so müßten wir das Mammut, das an sich wegen seiner großen Fleischmassen dem Paläolithiker ebenso begehrenswert gewesen sein dürfte als der afrikanische Elephant heutigen Eingeborenenstämmen Afrikas, unter der Beute der Paläolithiker weit zahlreicher vertreten finden, als es in Wirklichkeit der Fall ist.

3. Fallgrubenfang.

Eine Fallgrubenjagd auf Mammute ist in ähnlicher Weise möglich gewesen, wie wir sie oben für den Waldelephanten von Taubach geschildert haben. Grabstöcke, ähnlich jenen, mit denen der Buschmann heute noch seine Fallgruben gräbt, ermöglichten es dem Jungpaläolithiker zweifellos, im lockeren, sandigen Boden auch größere, jedenfalls hinreichend große Gruben anzulegen. In der Nähe der Tränken wird es nicht an großen Suhllöchern, auf den Wechseln selbst nicht an tiefen Kesseln gefehlt haben — wie sie sich der lebende afrikanische Elephant in sandigem, staubigem Boden gern auswühlt — in denen Mammut und wollhariges Nashorn ihre Staubbäder nahmen, die bei so dicht behaarten Tieren eine größere Rolle als Schlammbäder gespielt haben dürften. Derartige Löcher konnte der Jäger leicht in Fallgruben umgestalten. Es ist selbstverständlich, daß auch hier aus den gleichen Gründen, die oben für die Waldelephantenjagd angeführt wurden, die Fallgrubenjagd in höherem Maße das Jungwild gefährdet haben muß, daß überall dort, wo diese Jagd geübt wurde, junge Tiere im Beutematerial überwiegen müssen. Ein ganz eindeutiges Kriterium für Fallgrubenjagd ist die besondere Häufigkeit junger Tiere hier allerdings nicht, da, wie wir oben sahen, auch durch Angriffsjagd ein ähnliches Resultat erzielt worden sein könnte und die für Taubach begründete Notwendigkeit, daß die Tiere ganz in der Nähe der Stellen, wo wir heute ihre Überreste finden, angegriffen worden sein müssen, hier nicht immer zu bestehen braucht. Da aber heutigen Tages eine solche Angriffsjagd nirgends im Gebrauch ist, nach unseren früheren Ausführungen auch als höchst unrentabel angesehen werden muß, demgegenüber aber der Fallgrubenfang sowohl heute noch geübt wird als auch für den Moustierjäger von Taubach in hohem Grade wahrscheinlich gemacht werden konnte, so halte ich die Annahme von Fallgrubenjagd für alle die Fundstellen, in denen Reste junger Mammute stark überwiegen und an denen der Mensch als Jäger nachweisbar ist, für wahrscheinlicher, für besser begründet. Zu diesen Fundstellen gehören vor allem das Keßlerloch, wo nur Reste einiger junger Tiere gefunden wurden, die Wildscheuer mit fast ausschließlich jugendlichen Individuen, die Lindentaler Hyänenhöhle bei Gera. Schließlich ist hierher zu rechnen auch die „Station“ am Hundssteig bei Krems, für die Hoernes ausdrücklich die Häufigkeit jugendlicher Individuen unter den vorgefundenen Mammuten betont, und die als prähistorische Station bisher noch nicht bekannte Fundstelle in den Kiesgruben des Neckarschuttkegels bei Rohrbach bei Heidelberg. An Artefakten ist hier bisher nur ein Knochendolch aus dem proximalen Teil einer Ulna des Rens gefunden worden (Abb. 22), der dem von Kriz l. c. Anm. 21 S. 530 abgebildeten aus dem Kostelik sehr ähnlich ist.

Unter den im geologischen Institut zu Heidelberg und im Museum zu Darmstadt aufbewahrten Tierresten, die zum größten Teil als Beutereste des menschlichen Jägers aufzufassen sind, steht an erster Stelle das Pferd, neben dem auch das Mammut, das Ren, der Bison, vielleicht auch das wollhaarige Nashorn und der Riesenhirsch gejagt worden sind. Unter den 5 nachgewiesenen Mammutindividuen ist je eines ca. 50, ca. 30, ca. 10, ca. 2, ca. 1/4 Jahr alt, also ein bemerkenswertes Vorherrschen der jungen Tiere, das mich schon vor Erkennen des Knochendolches zu der Überzeugung geführt hatte, daß hier menschliche Beutereste vorlägen.

Die Liste dieser Fundstellen mit Resten vorwiegend junger Mammutindividuen ließe sich zweifellos durch Untersuchungen am Originalmaterial noch bereichern, nicht aber aus der Literatur, die

Fig. 22. Knochendolch aus Rentierknochen, Neckarschuttkegel, Rohrbach bei Heidelberg. ca. ½ n. Gr. Original im Geologischen Institut der Universität Heidelberg.

leider nur in seltenen Fällen über die Altersverhältnisse innerhalb der Beutetiere des diluvialen Jägers Aufschluß gibt. Im Rahmen aller aus dem Jungpaläolithikum bekannten prähistorischen Stationen spielen diejenigen, an denen der Mensch als Mammutjäger zu erweisen ist, eine geringe Rolle. Das Mammut hat für den Jungpaläolithiker niemals die Bedeutung besessen wie der Waldelephant für die Jäger von Taubach und Mauer. Zu der Zeit, als Mensch und Mammut das gleiche Wohngebiet teilten, als Jägerhorden die Steppen Mitteleuropas durchstreiften, war eine Elephantenjagd als Lebensnotwendigkeit schon überwunden, war im Rahmen der erreichten Kultur und ihrer Erfordernisse unrentabel. In steigendem Maße vom Aurignacien bis zum Spätmagdalénien konzentrierte sich die menschliche Jagd auf Tiere, die außer Fleisch, Fell, Sehnen und Därmen, vor allem feste Knochen und Geweih zur Verarbeitung boten und das waren vor allem das Pferd und das Ren. Die Mammutjagd dürfte stets mehr oder weniger Gelegenheitsjagd gewesen sein, die geübt wurde, wenn besonders günstige Umstände sowohl in der Häufigkeit der Art als in der Szenerie der Landschaft vorhanden waren oder wenn die Not, Mangel an anderem Wild, sie gebot. Diese Stellung der Mammutjagd in der paläolithischen Gesamtjagd hat es wohl mit sich gebracht, daß sich für sie ein fest umrissener, allgemein betriebener Jagdtypus — wie er für Tiere, die an eine ganz bestimmte Landschaftsform in ihrem Vorkommen gebunden sind, zu erwarten wäre — nicht herausbildete, sich jedenfalls weder aus dem fossilen Material noch aus den Erfahrungen der Elephantenjagd in der Gegenwart wahrscheinlich machen läßt.

Nachweisbar resp. wahrscheinlich zu machen ist am Fundmaterial die Fallgrubenjagd, nachweisbar mit geringerer Sicherheit das Erbeuten einzelner oder einiger weniger Tiere durch Angriffsjagd, möglich aber nicht nachweisbar und deshalb unwahrscheinlich das Erbeuten kleinerer Herden durch Einkreisen mit Feuer. Vielfach dürfte der Jäger eine Kombination dieser drei Möglichkeiten angewandt haben, was wir für jeden einzelnen Fall aus dem Fundmaterial natürlich nicht mehr erschließen können. Weitere Spekulationen in dieser Richtung würden uns, da hier sichere Anhalte im Fossilmaterial sowohl als in den Erfahrungen der Gegenwart fehlen, aus dem Rahmen einer kritischen Erörterung ins Gebiet des rein Hypothetischen führen.

4. Kritische Bemerkungen zu Noacks Schilderung einer Mammutjagd.

Eine derartige Kombination aus den erörterten möglichen Jagdmethoden hat Noack mit einer Schilderung einer Mammutjagd in den Lößsteppen Mährens versucht: Die aufgespürte kleine Herde wird durch Feuer gezwungen in einer gewünschten Richtung abzurücken, sie wird von den Jägern verfolgt und mit im Feuer zugespitzten Pfählen angegriffen. In der Fluchtrichtung der Herde — zwei junge Mammute werden von den Pfählen so stark verletzt, daß das Gescheide herausquillt und sie der allgemeinen Flucht nicht mehr folgen können — liegt ein Felsabsturz. Vermeidet die Herde diese Gefahr und biegt in die letzte mögliche Richtung ab, die ihr eine weitere Flucht in die Steppe gestattet, so können ihr noch einige Fallgruben verhängnisvoll werden. Felsen und Fallgruben erliegen je ein Tier; 3 von insgesamt 7 Tieren entkommen. Wenn man berücksichtigt, daß in einer Jägerzeitschrift eine spannende und zugleich erfolgreiche Jagd geschildert werden sollte, so wird man gegen eine Häufung günstiger Umstände, wie sie sich in der Wirklichkeit weniger oft zusammengefunden haben werden, nichts einzuwenden haben, solange sich diese günstigen Momente im Rahmen des Möglichen bewegen. Das scheint mir aber für einige Punkte der Noackschen Schilderung nicht der Fall zu sein. Schon ehe die Jäger selbst auf dem Plan erscheinen, werden nach Noack die Mammute unruhig durch die in nicht allzuweiter Ferne aufsteigenden Rauchsäulen des Grasbrandes, den die Jäger anlegen, und bewegen sich langsam nach der von den Jägern gewünschten Seite zu. Nach den Erfahrungen an lebenden Elephanten hätten die Tiere sicherlich sofort ein sehr schnelles Tempo der Flucht eingeschlagen, da ihnen die Gefahr eines Grasbrandes, wie er in Steppen auch ohne Zutun der Menschen gelegentlich entstehen kann, wohl bewußt war; wären ferner zwei junge Mammute, die Noack so schnell den Holzpfählen der Jäger erliegen läßt, sofort unter den Leib ihrer Mütter verschwunden. „Wenn eine Herde in Schrecken gerät", schreibt Sanderson, „so verschwinden die Kälber sofort unter den Leib ihrer Mütter und kommen dann selten wieder in Sicht. Nur zweimal habe ich gesehen, daß so verborgene Kälber beim Flüchten und Durcheinanderstürmen großer Herden beschädigt wurden, obwohl ich diese Vorgänge oftmals beobachtete." (Brehm.) Ein besonders günstiges Ziel, das zuerst getroffen werden müßte, boten die kleinen, durch das Gras der Steppe und die Beine der Mutter verdeckten Tiere dem paläolithischen Jäger in diesem Falle keineswegs. Da der Körper der Mammutkälber in jedem Moment zu einem großen Teil durch die Beine der Mutter verdeckt war, so erscheint ein Treffer viel wahrscheinlicher auf ein altes als auf ein junges Tier. Erstere dürften durch Treffer aber entweder zu Widerstand und Angriff auf die Jäger oder, was bei Vorhandensein von Feuerbränden wahrscheinlicher ist, zu schnellerer Flucht veranlaßt worden sein. Daß ein Treffer eines solchen Speeres in die Weiche eines jungen Mammuts die Gescheide herausquellen läßt, halte ich übrigens für unmöglich.

Noch weniger möglich als der Anfang der Jagd mit den schnellen Erfolgen auf zwei junge Tiere erscheint mir ihr Fortgang, wenigstens soweit die körperlichen Leistungen des Paläolithikers direkt in Betracht kommen. Daß bei der Flucht ein Mammut über eine Felsklippe herabstürzt, ein anderes in eine verblendete Fallgrube, ist natürlich durchaus möglich; nicht aber die Art der Verfolgung durch die Jäger, wie Noack sie schildert:

„Wir sehen, wie die Wilden gleich Hyänenhunden in schnellstem Lauf die in raschem, schlürfendem Schritt flüchtenden Mammute verfolgen und immer wieder die dicken, spitzen Pfähle gegen sie schleudern.“ „Die fünf übrigen Stücke“ — zwei junge Tiere sind schon erlegt — „stürmen in einiger Entfernung an uns vorbei: schon sind die Verfolger so nahe, daß sie ihre Pfähle in die Hinterschenkel der Kolosse senden können.“

Hier scheint mir die Leistungsfähigkeit des paläolithischen Jägers im ganzen, besonders die Geschwindigkeit seiner Fortbewegung stark überschätzt. Er hält nicht nur Schritt mit den Mammuten, die in wirrer Hast und doch wohl größtmöglicher Eile flüchten — da die Mütter nach Noacks Schilderung an eine Verteidigung ihrer Jungen gar nicht denken, ist größte Verwirrung und schnellste Flucht anzunehmen — sie kommen ihnen sogar näher.

Wir wissen aus der Gegenwart, daß Elephanten eine sehr beträchtliche Geschwindigkeit entwickeln können, wenn ihre Gangart auch gewöhnlich eine ruhige ist. „Dieser ruhige Gang aber kann so beschleunigt werden, daß ein Reiter Mühe hat, dem trabenden Elephanten nachzukommen.“ (Brehm.) Im neuesten Brehm finden sich genauere Angaben über die Geschwindigkeit seiner Fortbewegung. Danach vermag der Elephant bei schnellster Flucht kurze Zeit hindurch ein Tempo durchzuhalten, das in einer Stunde 20—25 km fördern würde, wenn er solange aushalten könnte; 15 bis 20 km weit vermag er sich mit einer Stundengeschwindigkeit von 8—12 km fortzubewegen. Über die Schnelligkeit wilder Jägervölker liegen vergleichbare Daten nicht vor, wohl aber die Daten für die Rekordleistung trainierter europäischer Schnelläufer, die nach einigen Korrekturen eine Vergleichsbasis bieten. Wilde Stämme dürften diese Rekordleistungen nicht erreichen, keinesfalls übertreffen können, ihre besondere Stärke liegt in der Ausdauer. Für alle solche Stämme mag das gelten, was Ratzel über die Buschmänner sagt: „Die körperliche Leistungsfähigkeit ist nach der eben geschilderten Anlage mehr auf der Seite der Ausdauer, als der augenblicklichen, konzentriert wirkenden Kraftäußerung zu suchen.“ Ein trainierter Schnelläufer läuft auf ebener Bahn 2,6 m pro Sekunde bei langer Wegstrecke, 8,93 m pro Sekunde bei kurzer Wegstrecke. Die höchste Geschwindigkeit der Elephanten würde bei kurzer Wegstrecke — wobei kurze Wegstrecke allerdings einen sehr erheblich weiteren Weg bedeutet als beim Schnelläufer — 7 m pro Sekunde betragen. Danach ist es also möglich, daß ein trainierter Schnelläufer auf ebener Bahn bei kurzer Wegstrecke einen Elephanten einholen kann. Der paläolithische Jäger lief aber unter wesentlich anderen Bedingungen. Erstens war sein Weg keineswegs eine glatte Bahn. Was den Elephanten auf seiner Flucht und im Tempo seiner Flucht nicht im geringsten hindern konnte, Gestrüpp, Buschwerk, kleine Geländewellen usw., das sind für den verfolgenden Menschen mehr oder weniger beträchtliche Hindernisse, auf die er sein Augenmerk richten muß. Der verfolgende Jäger läuft nicht so ausschließlich wie der Schnelläufer bei rein sportlichen Veranstaltungen. Während dieser seine ganze Willenskraft, sein ganzes Denken nur auf das Laufen konzentrieren kann, hat der Jäger gleichzeitig die Hindernisse seiner Bahn, die seine Geschwindigkeit verringern müssen, im Auge zu behalten, gleichzeitig auf das Wild zu achten und den Moment abzupassen, in dem er seinen Speer möglichst erfolgreich anbringen kann. Unter solchen Umständen ist es ganz ausgeschlossen, daß der paläolithische Jäger einer in größter Schnelligkeit fliehenden Mammutherde folgen konnte, geschweige denn sie einholen. Wenn die Jäger schließlich, wie Noack schreibt, ihre Speere immer wieder gegen die Tiere entsandten, so müssen sie entweder in einer Hand mehrere gehabt haben oder die fehlgeschossenen immer wieder aufgehoben haben, was beides einer besonderen Schnelligkeit hinderlich sein muß. Mit dem Anwachsen des zu durchmessenden Raumes wurden schließlich die Aussichten des Jägers, mit dem fliehenden Wild Schritt zu halten, immer geringer. Denn die hohe Rekordleistung von 8,93 m pro Sekunde bei kurzer Wegstrecke sinkt bei langer Wegstrecke zurück auf 2,6 m pro Sekunde auf glatter Bahn, während der Elephant bis 20 km mit einer Durchschnittsgeschwindigkeit von 3,3 m pro Sekunde auf natürlicher Bahn zurücklegen kann. An eine Verfolgung mit fortwährenden Angriffen ist unter solchen Umständen natürlich gar nicht zu denken.

Für die Annahme schließlich, daß die größeren Mammute sich nicht so schnell fortbewegt haben könnten als unsere heutigen Elephanten, liegen gar keine Gründe vor. Im Gegenteil dürfte die bedeutendere Größe, besonders auch der Extremitäten, ein weiteres Ausgreifen und damit eine beträchtlichere Geschwindigkeit ermöglicht haben.

Die dargelegten Gründe lassen mir die von Noack geschilderte Mammutjagd als nicht wahrscheinlich, ja als nicht möglich erscheinen. Daß ein Zusammentreffen günstiger Momente, und wohl nur in solchen Fällen dürfte der Jäger, wenn ihn die Not nicht zwang, zur Mammutjagd geschritten sein, gelegentlich eine überraschend große Beute liefern konnte, gebe ich gerne zu. Eine kritische Beurteilung dieser Möglichkeiten ist aber auf der Basis des fossilen Materials und der Gegenwartserfahrung nicht möglich, würde jedenfalls genaueste Detailstudien für jeden Fundort voraussetzen und auch damit wohl nur selten über Möglichkeitsbeweise zu Wahrscheinlichkeitsbeweisen vordringen können. Wir begnügen uns hier damit, die drei möglichen Grundelemente der Mammutjagd, Feuerjagd, Speerjagd, Fallgrubenjagd festgestellt und auf ihre Brauchbarkeit für den Paläolithiker untersucht zu haben. In welcher Weise die drei Jagdmethoden kombiniert wurden, hing in jedem einzelnen Fall von Umständen ab, die heute nicht mehr einwandfrei rekonstruiert werden können. Mir will aber scheinen, daß bei diesen Kombinationen Fallgrubenjagd die größte Rolle spielte, daß ein Treiben von Herden unter Zuhilfenahme von Feuer bei der geringen Kopfzahl der Jägerhorden und der durchschnittlich wahrscheinlich hohen Kopfzahl der Mammutherden von sehr geringer Bedeutung war und schließlich eine direkte Angriffsjagd als Teilmoment eines Jagdzuges wohl nur unter besonders günstigen, aussichtsreichen Umständen zur Anwendung kam.

VIII. Die Jagd auf das Merksche Nashorn
(Rhinoceros Merkii Jäg.).

Die gleichen Bedenken, die eine Fallgrubenjagd der Paläolithiker auf Elephanten unwahrscheinlich machen sollen, führt Profé auch gegen eine Fallgrubenjagd auf Nashörner, speziell für Taubach, ins Feld. Daß den Paläolithikern das Ausheben von Fallgruben mit Hilfe einfacher Grabstöcke möglich war in Gebieten, die wie die Ilmaue und das flache terrassierte Talgehänge zwischen Mellingen und Weimar, von zahlreichen Tümpeln und Wasserlachen durchsetzt, weite Flächen mit sumpfigem, weichem Boden aufgewiesen haben müssen, habe ich schon oben hervorgehoben. Habe dort auch hingewiesen auf die Bedeutung der Suhllöcher, die besonders die Nashörner in weichen Lehmböden sich auswälzen, für das Anlegen von Fallgruben. Vom technischen Standpunkt und dem des Jägers steht der Annahme, daß der Mensch in Taubach die Nashörner in Fallgruben gefangen hat, also nichts entgegen. Diese Jagdart wird von jeher auf Java betrieben, wo enge Fallgruben auf dem Wechsel ausgehoben werden, und hat den dortigen Bestand an Nashörnern außerordentlich vermindert. Profé zieht schließlich in Zweifel, ob die Nashörner überhaupt gejagt worden sind, er scheint auch das Vorhandensein so zahlreicher Rhinozerosreste in der Taubacher Fundschicht, wie bei den Elephanten, durch ein katastrophales Ereignis erklären zu wollen. Demgegenüber sei festgestellt, daß die oben besprochenen Fundumstände in Taubach absolut eindeutig auf menschliche Jagd hinweisen. Die Deutung der in der ca. 40 cm mächtigen Fundschicht aufgedeckten zahlreichen Reste von Rhinozeros als Reste einer großen aus irgendwelchen Ursachen zugrunde gegangenen Herde, was Profé für die Elephanten befürwortet, ist schon deshalb nicht möglich, weil Nashörner nicht in Herden, sondern einzeln und paarweise leben, höchst selten sich zu kleinen Trupps bis zu 10 Stück zusammenschlagen, in solcher Zahl aber stets nur kurze Zeit beieinander bleiben und nur sehr losen Zusammenhalt haben. Die starke Häufung von Rhinozerosresten auf engem Raum und in wenig mächtiger Schicht ist unter solchen Umständen schon allein ein starkes Argument für die menschliche Jagd, von dem später zu erörternden Massenverhältnis zwischen alten und jungen Tieren ganz abgesehen. Wäre für Taubach katastrophale Herdenvernichtung auch nur für eine der dort vorkommenden Arten anzunehmen, so müßte sie, zu diesem Schluß zwingen die Fundumstände, das enge Zusammen- und Durcheinandervorkommen der Reste aller Arten in einer Schicht, für alle hier vorkommenden Arten gelten; es hätten also vor der Katastrophe, da ein Zusammengeschwemmtsein der Tierreste durch fließendes Wasser laut geologischer Daten ganz ausgeschlossen ist, hier eine sehr merkwürdige Ansammlung von Elephantenherden, Bisonherden und Hirschrudeln, ein Zusammenströmen zahlreicher Nashörner und Bären, also nicht gesellig lebender Tiere, stattfinden müssen. Eine solche Annahme wäre absurd.

Ebenso beweiskräftig wie die Fundumstände ist aber für Taubach das von mir errechnete Massenverhältnis alter und junger Tiere. Bei Wiedergabe dieser Zahlen ist Profé ein Irrtum unterlaufen, den ich, da er den tatsächlichen Befund entstellt, berichtigen muß. Profé schreibt: „Auch für das Rhinoceros Merk hat Soergel ähnliche Verhältnisse gefunden: in Taubach fanden sich 75% junge, d. h. kräftige, fortpflanzungsfähige Exemplare.“ Dieser letzte Zusatz wird den Tatsachen, wie ich sie meines Erachtens doch ziemlich eindeutig dargestellt habe, nicht gerecht. Ich berechnete wohl, daß 75% aller Individuen junge Tiere wären, führte aber Seite 25 weiter aus, daß die Gebißreste des bei weitem größten Teils dieser 75% jungen Tiere Individuen angehörten, deren Kiefer „meist wenig über halb so groß als die Kiefer ausgewachsener, alle Zähne im Gebrauch habender Individuen“ seien und schloß daraus auf ein Alter dieser Tiere von höchstens 2½—3½ Jahren. Das sind aber keineswegs „kräftige, fortpflanzungsfähige Exemplare“. „Zirka 60% der Taubacher Rhinozeroten waren so jung, daß sie noch unter der Obhut der Alten standen, die ja — wenigstens bei den rezenten Arten — mindestens 2 Jahre lang das Kleine säugt.“ (Soergel, l. c. Anm. 1.) Das Verhältnis von sehr jungen und jungen zu erwachsenen und erwachsenen alten Tieren ist also bei den Rhinozeroten von Taubach ein von diesem Verhältnis innerhalb einer „Herde“ — wenn wir mit diesem Wort den Gesamtbestand an Nashörnern in einem größeren Verbreitungsgebiet bezeichnen dürfen — noch stärker abweichendes als bei Elephas und erscheint besonders merkwürdig im Vergleich mit dem Befund der Faunen von Süßenborn, Mosbach und Mauer, wo solche jungen Tiere nur 31—33% ausmachen. Dieses Massenverhältnis zwischen alten und jungen Tieren in Taubach spricht vollständig gegen die Annahme, daß hier in kürzerer Zeit kleinere Trupps immer wieder „natürlichen" Katastrophen zum Opfer fielen.

Eine nochmalige Untersuchung des Taubacher Rhinozerotenmaterials hinsichtlich seiner Zusammensetzung aus verschiedenen Altersstufen ergibt infolge Hinzutretens einiger früher von mir nicht berücksichtigter Reste die folgenden, von meinen früher genannten Werten nicht nennenswert abweichenden Zahlen.

Dabei verstehe ich unter sehr jungen Tieren solche mit Milchgebiß oder nicht angekautem ersten Molar, unter jungen solche mit

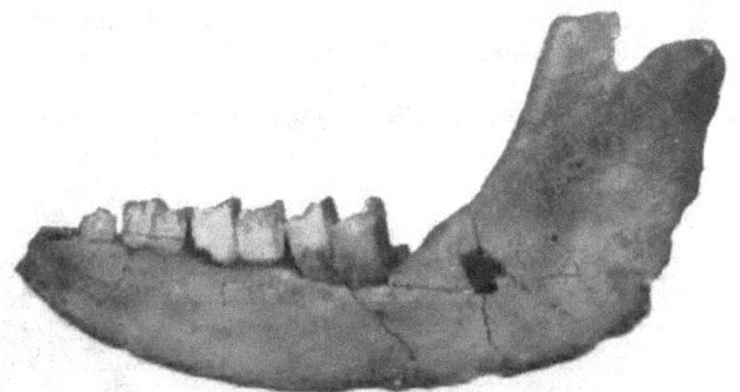

Fig. 23. Unterkiefer von Rhinoceros Merkii aus dem Travertin von Taubach mit wenig angekauten Milchzähnen und dem noch nicht angekauten, herausrückenden ersten echten Backzahn. ca. $^{3}/_{16}$ n Gr. Lebensalter des Tieres vermutlich — sichere Daten aus der Gegenwart fehlen — $1—1^{1}/_{2}$ Jahr. Original im Städt. Museum zu Weimar.

kaum angekautem zweiten Molar und noch nicht durchgebrochenem dritten, unter erwachsenen schließlich solche mit allen Zähnen in Funktion und unter alten solche mit sehr stark abgenutztem Gebiß und selbst sehr stark abgekautem letzten Molar.

Sehr jung	jung	erwachsen	alt
55,4%	16,0%	16,0%	12,6%.

Die Gesamtheit der jungen Tiere bildet also gegen 75% früher jetzt 71,4%, die aller erwachsenen gegen 25, jetzt 28,6%.

Die Abbildungen 23, 24 und 25 veranschaulichen einige Altersstadien des Taubacher Rhinozeros. Der in Abb. 23 abgebildete Kiefer gehört einem ca. 1—1½ Jahr alten Tiere an, wie sie allein 55,4 des Gesamtmaterials ausmachen; es sind nur die Milchzähne im

Gebrauch. Figur 24 zeigt den Kiefer eines etwas älteren Tieres mit sehr abgebrauchtem letzten Milchmolar und den ersten beiden echten Molaren schon in Funktion; innerhalb meiner Alterseinteilung steht der Kiefer an der Grenze zwischen „sehr jung“ und „jung“;

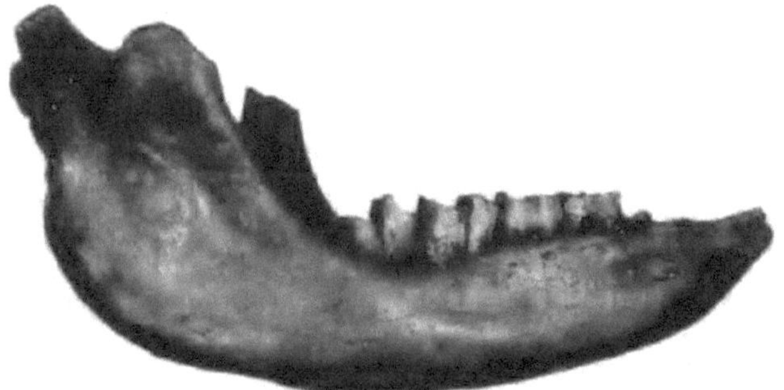

Fig. 24. Unterkiefer von Rhinoceros Merkii aus Taubach mit stark abgekauten Milchzähnen und teils angekauten, teils nicht angekauten, erst hervorbrechenden echten Backzähnen. ca. $^{3}/_{16}$ n. Gr. Lebensalter des Tieres vermutlich $2^{1}/_{2}$ bis 3 Jahre. Original im Städt. Museum zu Weimar.

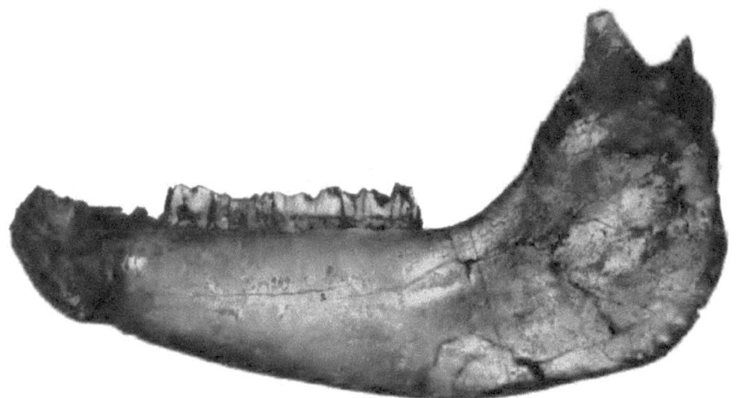

Fig. 25. Unterkiefer von Rhinoceros Merkii aus dem Travertin von Taubach mit stark abgekauten echten Backzähnen (Molaren und Prämolaren). ca. $^{3}/_{16}$ n. Gr. Lebensalter dieses sehr alten Tieres mangels Daten aus der Gegenwart nicht abzuschätzen. Original im Städt. Museum zu Weimar.

er dürfte einem 2½—3 Jahre alten Tiere angehören. Der in Abbildung 25 dargestellte Kiefer gehört schließlich einem sehr alten Tiere an, dessen sämtliche Zähne schon stark abgenutzt sind.

Den in den Faunen von Süßenborn, Mosbach und Mauer gefundenen Prozentzahlen für alte und junge Rhinozeroten in mancher

Beziehung etwas näher stehen die Werte, die ich für das Material einer Ehringsdorfer Fundschicht berechnete. Es handelt sich um die Gebißreste, die zusammen mit vielen zerschlagenen Knochen und Feuersteinen in einer Linse lockeren Tuffs sich vorfanden, die im Sommer 1914 den ersten Kiefer des Homo primigenius lieferte. Es ergaben sich folgende Zahlen:

sehr jung	jung	erwachsen	alt
23,5 %	17,0 %	41,3 %	17,6 %.

Sehr jung und jung zusammen also 41,1 % gegen 71,4 % in Taubach.

Eine benachbarte Linse, die mit der vorigen der gleichen Schicht porösen Tuffs angehört, geologisch gesprochen also gleich alt mit ihr ist, ergab folgende Zahlen für die Altersstufen:

sehr jung	jung	erwachsen	alt
27,7 %	16,7 %	38,8 %	16,7 %.

Das Material beider Fundstellen:

sehr jung	jung	erwachsen	alt
22,8 %	19,4 %	40,4 %	17,6 %.

Also 22,8 + 19,4 = 42,2 % jugendliche Individuen gegen 71,4 % der gleichen Altersstufen in Taubach.

Diese Zahlen wurden an dem bis Herbst 1915 gefundenen Material gewonnen. Es hat sich seither gezeigt, daß die beiden Fundlinsen einer großen Fundschicht angehören, deren Material biologisch als Einheit gewertet werden kann, wenn auch die das gesamte Material liefernde Jagd sich über einen längeren Zeitraum erstreckte. Berücksichtigen wir das gesamte, bis Frühjahr 1921 gefundene Nashornmaterial dieser Fundschicht, so erhalten wir folgende Altersstaffelung:

sehr jung	jung	erwachsen	alt
23,8 %	22,4 %	37,3 %	16,4 %,

also allein junge Tiere 46,2 %. Ist der Prozentsatz junger Tiere hier, wo alle Reste zweifellos von Beutetieren des Menschen stammen, auch geringer als in Taubach, so ist er doch auch hier größer als in dem Nashornmaterial aus den Kiesen von Süßenborn und Mosbach (31,6 und 33,3 %), wo die Tiere nur aus natürlichen Ursachen zugrunde gingen. Deutlicher noch tritt der Unterschied hervor bei einem Vergleich der Zahlen für erwachsene und alte Tiere. Während in Ehringsdorf unter 53,7 % dieser Altersstufen die alten nur 16,4% des gesamten Bestandes ausmachen, bilden diese in Mosbach und Süßenborn unter 66,6 und 68,4% allein 25–30% des gesamten Bestandes.

Der Unterschied zwischen Taubach und Ehringsdorf könnte mit einer höheren kulturellen Entwicklung der Ehringsdorfer Jäger in Zusammenhang stehen, die im Artefaktmaterial deutlich zum Ausdruck kommt; könnte aber auch in biologischen Ursachen begründet sein, da die Taubacher Jäger, wie in einer anderen Arbeit gezeigt werden soll, im Herbst und Winter, die Ehringsdorfer im Frühjahr und Sommer jagten, und gerade bei primitiver Jagd die Methode und ihr Erfolg von den Jahreszeiten und den verschiedenen von ihnen gebotenen Möglichkeiten in hohem Maße abhängig sein kann.

Für die Beurteilung der von den Paläolithikern angewandten Jagdmethoden ist es wichtig, daß das Vorhandensein sehr zahlreicher Reste aus allen Skeletteilen darauf hindeutet, daß die Tiere nicht weit von der Stelle, wo wir heute ihre Reste im Gestein finden, erbeutet worden sein müssen. Ein Verschleppen von großen Knochen, oder gar Schädel- und Gebißresten — letztere besonders waren für die Jäger doch völlig wertlos und wurden zu keinerlei Verrichtungen benutzt – von entlegenen Jagdplätzen ist äußerst unwahrscheinlich und damit jede freie, nicht an die Nähe der heutigen Fundstellen gebundene Jagdmethode.

Die Annahme von Holzwaffen gegenüber mit Feuersteinspitzen bewehrten Speeren kann den Erwägungen, die mich früher zur Annahme von Fallgrubenjagd führten, ihre beweisende Kraft nicht beschränken, eröffnet andererseits kaum neue Möglichkeiten, die das eigentümliche Massenverhältnis zwischen alten und jungen Tieren, überhaupt eine so erfolgreiche Jagd erklären könnten. Die trockene und harte, zum Teil verhornte Haut der Nashörner ist gegen Wurf- und Stoßwaffen noch widerstandsfähiger als die der Elephanten. Es ist deshalb nicht anzunehmen, daß die mit Eisenspeeren betriebenen Jagdmethoden einzelner Eingeborenenstämme Afrikas mit ähnlichem Erfolg damals hätten Anwendung finden können, zudem keine dieser Jagdarten das starke Überwiegen junger Tiere verständlich macht, die doch von der Alten stets grimmig verteidigt werden. In Betracht kommen könnte eine im Kilimandscharogebiet übliche Jagd, bei der der Jäger vom Baum aus dem unten durchziehenden Nashorn den Speer neben der Wirbelsäule in den Rücken treibt. Diese Jagd wird mit Stoßlanzen mit breiter doppelschneidiger

Spitze ausgeführt, und es bleibt in hohem Maße fraglich, ob Holzspeere von rundem Querschnitt mit gleichem Erfolg zu verwenden waren. Im übrigen würde auch diese Methode, wie überhaupt irgendeine Speerjagd, das Überwiegen junger Tiere nicht erklären können. Es fragt sich vor allem, ob mit den Waffen des Paläolithikers eine in kürzerer Zeit tödlich wirkende, eine längere Flucht des Tieres ausschließende Verwundung möglich war. Die Abessinier speeren häufig ein Tier mit 50—60 Lanzen und schlagen ihm dann die Sehnen der Hinterbeine mit dem Schwert durch. Also ein sehr starker Angriff auf ein einzelnes Tier. Die Tiere sind danach und nach anderen Jagdberichten sehr zählebig und von großer Widerstandskraft. Die „Fluchtkraft" dieser Tiere ist selbst bei ernsten Verwundungen eine erstaunlich große, die dem Jäger das Wild oft entschlüpfen läßt oder es ihm erst nach mühseliger Verfolgung in die Hände liefert. Es ist mehr als fraglich, ob solche Methoden bei seinen weit einfacheren Waffen für den Paläolithiker rentabel oder überhaupt möglich waren, denn Wolf und Hyäne, deren Rudel wohl damals wie heute jagenden Menschenhorden resp. jagenden Raubtieren folgten, dürften des angeschossenen Wildes sich häufig vor dem Jäger bemächtigt haben. Der Mensch der Diluvialzeit war durchaus nicht der Herr seines Jagdgebietes, er war Raubtier unter Raubtieren, die sich unter größter Ausnutzung ihrer Fähigkeiten die Beute streitig machten; er war selbst ständig gefährdet, da in seinem Revier nicht nur Wolf und Hyäne, sondern auch Löwe, Panther und Bär recht häufig waren. Und diesen großen Raubtieren stand er mit seinen primitiven Waffen weit hilfloser gegenüber als heutige primitive Jägerstämme, die mit Löwen und Panther das Jagdgebiet teilen, die aber trotz ihrer weit besseren Waffen sich vielerorts ihrer Bedränger nicht entledigen konnten vor Einführung der Feuerwaffen. Die „Verfolgungskraft" des Paläolithikers war durch die geschilderten Umstände in viel stärkerem Maße gehemmt, war eine viel geringere als bei heutigen primitiven Jägern, da er in viel höherem Grade an die eigene Sicherheit zu denken hatte. Er mußte deshalb ganz besonders bemüht sein, sein Wild auf eine Methode zu erjagen, die ihm das Wild am Angriffsort oder in nächster Nähe desselben überlieferte. Und diese Möglichkeit bot ihm bei seinen einfachen Waffen keine der „Angriffsjagden" der heutigen primitiven Stämme, die zudem niemals zu einem solchen Überwiegen junger Tiere in der Beute führen können. Jagden mit anschließender Verfolgung hätten ihm das Wild zumeist auch weit von der Stelle des Angriffs entführt, ihm die Beute an einer vorher nicht zu berechnenden Stelle überliefert, was mit den oben geschilderten Fundumständen und der Art des Fundmaterials in Taubach und in Ehringsdorf nicht vereinbar ist, da beide auf eine in der Ilmaue, in der Nähe der Fundstellen betriebene Jagd mit Bestimmtheit hindeuten. Ein Treiben der Tiere, vielleicht mit Hilfe von Feuer, wie es Noack auch für Nashörner für möglich hält, hat erstens in der Gegenwart keine Parallele, muß ferner demjenigen, der sich mit der Lebensweise und dem Charakter der Nashörner vertraut gemacht hat, von vornherein wenig Erfolg versprechend erscheinen und war in Waldgebieten wie Taubach selbstverständlich unmöglich.

Nehmen wir dagegen an, daß die Jäger Taubachs und Ehringsdorfs in dem die Ilmaue säumenden überwässerten oder stark durchfeuchteten Gelände Fallgruben mit Hilfe von Grabstöcken aushoben unter geschickter Benutzung der zweifellos zahlreich vorhandenen Suhllöcher, daß sie nach gelungenem Fang die Gruben von allen Resten der Beutetiere säuberten, um sie benutzbar zu erhalten, daß sie zu diesem Zwecke alle nicht brauchbaren Knochen, Schädel- und Kieferreste in die Tümpel warfen, so erklären sich auf einfache Weise sowohl die reiche Ausbeute der Jäger trotz ihrer einfachen Waffen gegenüber einem so gut gesicherten und wehrhaften Wild, als alle Fundumstände, als schließlich die starke Beteiligung junger Tiere an der Beute. Denn wie heute bei Rhinoceros simus, so kann auch bei Rhinoceros Merkii das Kalb vor der Alten gegangen und zuerst in eine Fallgrube gestürzt sein, die sie auf ihrem Wege antrafen. Zudem muß die Größe der Fallgruben eine Art Größenauslese des Wildes bedingen, da kleine Gruben größere, erwachsene Tiere weniger gefährden als kleine, junge und wo sie benutzt wurden, stets ein Überwiegen junger Tiere in der Bente hervorrufen mußten. Daß diese Menschen aber ihre Fallgruben bei ihren primitiven Hilfsmitteln nicht größer gemacht haben als eben nötig, ist ohne weiteres anzunehmen. Für die javanische Fallgrubenjagd auf das Nashorn wird gerade die Enge der auf dem Wechsel ausgehobenen Gruben betont.

Fassen wir das Ergebnis unserer Erwägungen zusammen:

1. Die Fundumstände in Taubach und Ehringsdorf weisen eindeutig auf menschliche Jagd.
2. Die Anhäufung von Resten aus allen Skeletteilen, von allerhand Extremitätenknochen, Wirbeln, besonders von Schädel-

teilen, Kiefern und Zähnen, vieles zerschlagen, deutet darauf hin, daß die Tiere in der Nähe ihres fossilen Vorkommens und nicht an weit entlegenen Jagdstellen erbeutet wurden.
3. Das Massenverhältnis alter und junger Tiere in der Beute, die auf Grund des Artefaktmaterials und der Tatsachen der Ethnographie zu erschließende Wehrhaftigkeit des Jägers, die Wehrhaftigkeit, passive Widerstandskraft und Lebensweise des Wildes schließen alle heute betriebenen Angriffsjagden aus und machen Fallgrubenfang in höchstem Maße wahrscheinlich.

Diese Jagdmethode ist vielleicht auch schon vom Homo Heidelbergensis auf Rhinoceros etruscus angewandt worden. Bei einer Gliederung des Mauerer Nashornmaterials in junge und alte Tiere erhalten wir allerdings die gleichen Zahlen wie für das Material aus den Mosbacher Sanden, in denen der Mensch nicht nachgewiesen ist. „Zwischen beiden Fundorten aber besteht ein Unterschied insofern, als die jungen Tiere von Mauer etwas andere Altersverhältnisse aufweisen. Eine Anzahl jugendlicher Unterkiefer entspricht nämlich in ihrem Alter den jungen Unterkiefern von Taubach vollständig, während der größte Teil der jungen Individuen von Mosbach geringeres Alter besitzt und wahrscheinlich Raubtieren zum Opfer gefallen ist.

Diese Analogie zwischen Taubach und Mauer läßt die Annahme nicht ganz von der Hand weisen, daß auch der Mensch in Mauer gelegentlich Rhinoceroten erbeutet hat, was um so wahrscheinlicher ist, als Rhinoceros und Elephas häufig die gleichen Wechsel benutzen und daher in die für die eine Art angelegten Fallgruben auch die Tiere der anderen Art hineingeraten können, ja müssen. Das Vorhandensein großer Raubtiere vermag das Vorkommen gerade dieser Altersstadien in Mauer nicht zu erklären, da nur ganz junge Kälbchen mit Milchgebiß durch Löwen, Bären und Hyänen gefährdet sind.“ (Soergel l. c. Anm. 1).

Daß die Anlage von Fallgruben auch dem Homo Heidelbergensis bei dem sicher zahlreichen Vorhandensein von Suhllöchern der Nashörner im Gebiet der weiten Flußschlinge keine besonderen Schwierigkeiten bereitet haben kann, wurde früher schon erwähnt.

Bezüglich der Bedeutung der menschlichen Jagd auf Rhinoceros Merkii — die Art ist zweifellos auch an anderen Örtlichkeiten Europas gejagt worden (Burgtonna in Thüringen, Krapina in Kroatien, La Micoque in Frankreich, Grimaldigrotten bei Mentone, Grays

Thurrock in England), das Ausmaß dieser Jagd ist aber mangels genügender Angaben in der Literatur heute nicht zu erkennen — für das Aussterben der Art vor oder im Verlaufe der 4. Eiszeit weise ich auf das über die gleiche Frage bei Elephas antiquus Ausgeführte hin. Die andauernde Vernichtung des Nachwuchses dürfte das aus anderen Ursachen erfolgte, damals wohl noch nicht direkt eingeleitete Erlöschen der Art beschleunigt haben dadurch, daß es den Gesamtbestand in einzelne Revierbestände aufteilte und isolierte, in denen sich die verderblichen Folgen einer Inzucht stärker geltend machen mußten.

Fig. 26. Unterkiefer von Rhinoceros Merkii aus der Homofundschicht im Bruch Kämpfe zu Ehringsdorf mit anormaler Ausbildung des Zahnschmelzes. 1/5 n. Gr. Original als Leihgabe von E. Kämpfe im Städt. Museum zu Weimar ausgestellt.

Besonders beachtenswert ist in diesem Zusammenhang das Vorkommen anormal gebildeter Zähne an zwei Individuen des Rhinoceros Merkii aus der Ehringsdorfer Homofundschicht. An einem Unterkiefer (Abb. 26) zeigen besonders die Prämolaren, an den Molaren noch schwach der M I, eine merkwürdige Löcherigkeit des Schmelzes, die bei P III und P II auf die untere Zahnhälfte beschränkt ist, bei P I bis ins obere Zahnviertel hinaufgreift. Diese Erscheinung ist als Hypoplasie des Schmelzes bekannt, sie ist auch bei Zähnen des Neandertalmenschen von Krapina gefunden worden. Sie deutet unbedingt auf eine Stoffwechselstörung oder Stoffwechselerkrankung hin, wie sie sonst von wildlebenden Tieren nicht bekannt ist und wie ich sie sonst an keinem der zahlreichen deutschen diluvialen Nashorngebisse gefunden habe. Sie fehlt ebenso allen mir aus Autopsie oder aus der Literatur bekannten außerdeutschen diluvialen und tertiären Nashornzähnen. Ihr erstmaliges Auftreten in einem Stamm kurz — geologisch gesprochen — vor dem Erlöschen des Stammes, kann nicht als Zufall gelten. Wir sehen darin vielmehr den Beweis dafür, daß am Niedergang und schließlichen Erlöschen der Art natürliche Ursachen wirksam waren, die letzten Endes in der Stammesentwicklung wurzeln. Die Fähigkeit, neuen Verhältnissen sich einzupassen, war dem Organismus verloren gegangen. Wir können ihn einem Segler vergleichen, dem die Möglichkeit Segel und Steuer nach den eintretenden Verhältnissen umzustellen verloren ging, der mit einem bestimmten Wind in guter Fahrt bleibt, beim Umschlagen des Windes aber mehr und mehr an Fahrt verliert und schließlich unter dem Zwang der äusseren Verhältnisse kentern muß.

IX. Die Jagd auf das wollhaarige Nashorn.

(Rhinoceros antiquitatis Blumenb.)

Während der Waldelephant (Elephas antiquus) und das Merksche Nashorn (Rhinozeros Merkii) in Mitteleuropa erloschen vor dem Zeitpunkt, von dem an wir das Jungpaläolithikum datieren, also vor Beginn der Geweih- und Knochenbearbeitung, geht neben dem Mammut in diese jüngere Zeit auch das wollhaarige Nashorn, Rhinoceros antiquitatis, hinein. Dieses Tier ist vom diluvialen Jäger nur sehr selten erbeutet worden, fehlt in den meisten paläolithischen Stationen und spielt in anderen eine ganz untergeordnete Rolle. Wo es häufiger auftritt und höhere Prozentsätze im Gesamtmaterial der fossilen Knochenreste bildet, wie z. B. in der Lindentaler Hyänenhöhle bei Gera, in den Aurignacienschichten der Ofnet und des Sirgensteins, da läßt sich aus den Fundverhältnissen wahrscheinlich machen, daß weniger der Mensch als die abwechselnd mit diesem resp. vor oder nach ihm die Höhle bewohnenden Hyänen als Jäger der Nashörner anzusehen sind. Mit Ausnahme des Lößgebietes in der weiteren Umgebung von Brünn, wo zahlreichere Fundstellen auf den Menschen als Nashornjäger, vielleicht teilweise nur als Aasjäger hinweisen — es handelt sich zumeist um die Reste einiger oder eines Tieres, die zusammen mit menschlichen Werkzeugen gefunden wurden — kann man sagen, daß laut Fundmaterial das wollhaarige Nashorn unter den Beutetieren des diluvialen Menschen einen sehr bescheidenen Platz eingenommen hat, daß es nur gelegentlich gejagt wurde. Darauf deuten auch die seltenen bildlichen Darstellungen unseres Tieres. Denn der relativen Häufigkeit einer Art in der paläolithischen Gesammtbeute entspricht ungefähr die relative Häufigkeit der bildlichen Darstellungen dieser Art unter den Gravierungen und Höhlenbildern. Stets sind wenig gejagte Wildarten, worauf übrigens schon Obermaier l. c. Anm. 5 hinwies, weniger oft zur Darstellung gebracht worden. Diese Parallele, die die beherrschende Stellung der Jagd auch im geistigen Leben dieser Menschen ins hellste Licht rückt, ist besonders deutlich für die großen Raubtiere, für Ur, Saiga, Gemse, Steinbock, Vögel und Fische; ihre Darstellungen verschwinden gegen die Fülle der gravierten und gemalten Rentiere, Pferde, Wisente und Mammute. Aus der seltenen Darstellung des wollhaarigen Nashorns darf angesichts dieses Parallelismus ebenfalls der Schluß gezogen werden, daß es nicht zu den bevorzugten Beutetieren gehörte. Ob dort, wo es mit hoher Wahrscheinlichkeit als Beutetier des Menschen anzusehen ist, Reste jüngerer Tiere im Beutematerial besonders zahlreich

Fig. 27. Rekonstruktion des wollhaarigen Nashorn (Rhinoceros antiquitatis), nach einem Original von Charles Knight im American Museum of Natural History. Aus Hoyer.

sind, läßt sich mangels bestimmter Angaben in der Literatur nicht entscheiden. An keiner mir bekannten Lokalität überwiegen sie jedenfalls in dem Maße als bei Rhinoceros Merkii in Taubach.

Bestimmte Anhaltspunkte für die geübte Jagdmethode lassen sich aus den Fundumständen, aus der Zusammensetzung des Knochenmaterials bei der ganz geringen Bedeutung der Art als menschliches Jagdobjekt überhaupt nicht gewinnen, besonders auch deshalb, weil in nur wenigen Fällen der Mensch als Jäger des Tieres mit Sicherheit in Anspruch genommen werden kann. Eine kritische, am

Fundmaterial zu kontrollierende Erörterung über die Jagdmöglichkeiten der Paläolithiker auf diese Art steht daher auf einer sehr schwachen Basis und kann sich schließlich nur auf die Lebensgewohnheiten der Nashörner im allgemeinen und die Wehrkraft der Jäger stützen, ohne aus einer Analyse des Beutematerials bestimmte Anregungen zu empfangen oder Einschränkung zu erfahren.

Das Wohngebiet dieser Art, wie es die geologischen Daten der Fundstellen erschließen lassen, Steppe und wohl die wasserreicheren Teile dieser Landschaft, zum Teil also Buschwälder, die in der Steppe die Wasserläufe begleiten, deutet nicht auf eine bestimmte,

Fig. 28. Gemaltes wollhaariges Nashorn aus Font-de-Gaume. Nach H. Breuil aus H. Obermaier l. c. Anm. 5.

gerade für diese Art besonders aussichtsreiche Jagdmethode. Eine direkte Angriffsjagd auf dieses außer seiner starken Haut noch durch ein dichtes Haarkleid geschützte Wild (Abb. 27 — 28) erscheint auch für die Jäger des Jungpaläolithikums sehr gefährlich und wenig Erfolg versprechend und ist deshalb für diese Art ebenso unwahrscheinlich wie für Rhinoceros Merkii. Fallgrubenfang unter Benutzung der Suhllöcher scheint auch hier das Gegebene. Da die Jagd auf dieses Tier, wie seine geringe Häufigkeit im menschlichen Beutematerial erweist, in hohem Maße Gelegenheitsjagd gewesen sein muß, also nicht planmäßig betrieben wurde wie auf die Tiere, die der Mensch zum Lebensunterhalt, zur Lebenshaltung notwendig brauchte, so wird sie stets in starker Anlehnung an die Szenerie der Landschaft geübt worden sein und schließlich nur dort, wo alle Bedingungen für einen Erfolg verwirklicht schienen, die Möglichkeit der Erbeutung von vornherein in keinem Mißverhältnis stand zum Kraftaufwand und der Gefährdung des Jägers. Ein „Jagdtypus“ ist deshalb für diese Art noch weniger als für das Mammut für irgendeine Fundstelle wahrscheinlich zu machen. Fallgrubenfang und Angriff mit Speeren können zur Anwendung gekommen sein. Eine kritische Überprüfung dieser Möglichkeiten ist aber, wie gesagt, am Fundmaterial nicht durchzuführen und eine weitere Diskussion über die Jagdmöglichkeiten deshalb nur von sehr bedingtem Wert. In Anbetracht des Verhältnisses zwischen den Angriffsmitteln des Jägers und den Abwehrmitteln des Wildes scheint aber nur eine Jagd wahrscheinlich und rentabel, in der der Fallgrubenfang eine entscheidende Rolle spielte.

X. Jagd und Jäger.

Wir haben in den vorhergehenden Abschnitten verschiedentlich darauf hingewiesen, daß im Verlaufe des Paläolithikums die Wahl des jeweils bevorzugtesten Jagdwildes und die Jagdmethode auf bestimmtes Wild einem wiederholten Wechsel unterworfen gewesen sind: es besteht eine Art Entwicklung der vorzeitlichen Jagd. Diese Entwicklung ist aber, wenigstens bei uns, keine kontinuierliche gewesen, jede neue, höhere Stufe ist an das Erscheinen einer neuen, bei uns wurzelfremden Menschenrasse geknüpft; die einzelnen Stufen der Wildwahl und der Jagdmethode lösen sich unvermittelt ab, sie sind keineswegs Glieder einer Entwicklungsreihe, in der das Neue aus dem Alten herauswächst. Im allgemeinen läßt sich sagen, daß im älteren Paläolithikum die größten Tiere, Elephant und Nashorn, in höherem Maße an der Beute beteiligt sind als im jüngeren Paläolithikum, daß Pferde, Bisonten und Hirsche, obwohl mindestens zwei dieser Familien in einer oder mehreren Arten jederzeit im Verbreitungsgebiet des diluvialen Jägers reichlich vorhanden waren, eine dominierende Stellung in der menschlichen Beute erst im Laufe des jüngeren Paläolithikums erhalten, an den Fundstellen des älteren aber meist stärker zurücktreten.

Dieser Unterschied hat seine Ursachen einmal in der verschieden hoch entwickelten Waffentechnik, dann aber auch in den verschiedenen körperlichen und geistigen, keineswegs allein in der Höhe der Waffentechnik zum Ausdruck gelangenden Eigenschaften der einzelnen Menschenrassen: diese drei bestimmten in erster Linie die Jagdmöglichkeiten. Charakteristisch für die Jagd der älteren Rassen ist ihre lokale Bindung, ihre starke Abhängigkeit von Landschaft und Umwelt. Der Kreis der Jagdmöglichkeiten war eng; man jagte mit einfachen Waffen und so gut wie ausschließlich zum Nahrungserwerb. Die fleischreichste war die begehrteste Beute. Deshalb sind unter der Beute dieser Zeit junge Tiere unter allen den Arten selten, auf die mit Wurfwaffen gejagt wurde, sie herrschen vor bei denjenigen Wildarten, auf die Fallgrubenfang getrieben wurde; und diese Jagdmethode stand in älteren Zeiten durchaus im Vordergrund, sie lieferte jedenfalls den Hauptteil der Beute, vielleicht nicht immer an erlegten Individuen, aber an Fleischmasse. Das gilt für die Jagd des Homo Heidelbergensis, an der nicht mehr gezweifelt werden kann und ebenso für die des Neandertalers, für den die Eingrenzung der Jagdmöglichkeiten und der Jagdmethode durch die körperlichen und geistigen Eigenschaften des Jägers besonders deutlich ist. Es war ein plumper, schwer beweglicher Menschenschlag, ganz ungeeignet für eine erfolgreiche Jagd auf flüchtiges Herdenwild. Nie erbeutete er Herden oder Rudel oder auch nur größere Teile von ihnen; soweit er Speerjagd trieb, war es stets Einzeljagd, die sich am liebsten große und fleischreiche Tiere aus einer Herde wählte. Der Neandertalmensch — und das gleiche gilt, wahrscheinlich sogar in höherem Maße für den Homo Heidelbergensis, den wir von diesen Betrachtungen nur ausschließen, weil die tatsächlichen Unterlagen zu einer allgemeinen Beurteilung noch zu gering sind — war nicht eigentlich Jäger in dem hohen und freien Sinn dieses Wortes, er war ein Mensch, der von einem mühevollen Erjagen lebte. Er war ein Jäger auf tiefster Stufe, der keineswegs alle ihm gebotenen Möglichkeiten zum jagdlichen Nahrungserwerb zu nutzen verstand, der manche einfachen, nicht an besondere Waffen gebundenen, unter heutigen primitiven Stämmen allgemein verbreiteten Methoden nicht kannte. Er war ein Jäger von außerordentlich engem Gesichtskreis, den seine einfachen, in sehr bescheidenem Maße auf die Angriffskraft seiner Waffen gestützten Methoden nur in einem wildreichen Gebiet ernähren konnten. Seine neben sehr primitiven, zum Teil auch sehr spezialisierten körperlichen Eigenschaften und im engsten Zusammenhang damit der enge Rahmen seiner geistigen Fähigkeiten, sperrten ihm den Weg zur Höhe, den Aufschwung zum freien Jäger. Die Entwicklungsrichtung, die sein Stamm eingeschlagen hatte, verurteilte ihn zum Untergang, sobald neue, körperlich und geistig besser gerüstete Jägerstämme in sein Gebiet einzogen und er zu einem Kampf um seine Existenz, direkt und indirekt, gezwungen war. Ohne Nachkommen in reinen oder in Mischrassen zu hinterlassen, erlag diese in der Hauptsache mitteldiluviale Bevölkerungsschicht Europas den von Osten hereinbrechenden Stämmen des Jungpaläolithikums.

Das Einrücken der Aurignacmenschen bringt den großen Umschlag in die europäische vorzeitliche Jagd. Der leichte, auf große Beweglichkeit und Gewandtheit deutende Bau dieser Rasse und ihre viel höhere Waffentechnik waren die Grundlage für eine intensivere Jagd auf Herdenwild. Die Benutzung von Knochen und Geweih zu Waffen und Werkzeugen wiesen den Jäger auf Wild, das außer Fleisch, Fell und Sehnen, auch geeignetes Knochen- resp. Geweihmaterial liefern konnte. Das Pferd wird zunächst bevorzugtestes Jagdobjekt, das im Aurignacien und Solutréen nicht nur in Einzeljagd, sondern auch in Treibjagden erbeutet wurde. Daneben spielt das Ren eine beträchtliche Rolle, während Mammut und Nashorn stark, teilweise völlig zurücktreten, und nur dann gejagt wurden, wenn die Jagdbedingungen besonders günstige waren; sie waren aber kein wichtiger Faktor mehr im Haushalt der jungpaläolithischen Menschen. Die Höhe ihrer kulturellen Entwicklung gestattete ihnen in weiteren Grenzen eine bestimmte Einstellung, eine Wildwahl nach speziellen Bedürfnissen; ihre Jagd konnte sich freier entfalten und war nicht in dem Maße wie bei dem Neandertalmenschen von mancherlei Unzulänglichkeiten belastet. In diesem Sinne könnte die Jagd der jüngsten paläolithischen Jäger, der Jäger des Magdalénien als das Ergebnis einer nicht unterbrochenen Weiterentwicklung erscheinen, wenn nicht auch hier wieder eine neue Rasse der Träger der höchst entwickelten Jagd wäre. Das Rentier wird bevorzugtestes Beutetier, auf ihm allein beruht, fast in dem Maße wie bei den heutigen Lappen, Tungusen und Jakuten, die Lebenshaltung der Stämme; wenngleich natürlich auch Pferd und Bison, und wo es noch vorkam gelegentlich auch das Mammut oder sonst eine im Jagdgebiet gerade häufige Art gejagt wurde.

Es ist eine Stufengliederung, keine Entwicklung im engeren Sinne, die im zeitlichen Ablauf der paläolithischen Jagd und ihrer Methoden zutage tritt. Und doch dürfen wir in dieser Stufenfolge die Grundzüge einer allgemeinen Entwicklung sehen, denn es ist anzunehmen, daß auch die Rassen von Aurignac und Cro-Magnon in frühesten Zeiten nur einfache Methoden gekannt und geübt haben, daß sie ihre jagdliche Höhe über ein primitives Stadium, ähnlich dem, wie es die Jagd der Neandertaler charakterisiert, gewonnen haben.

Gemeinsam aber ist eines allen Stufen der paläolithischen Jagd: Entscheidend für Wildwahl und Jagdmethode war in jedem Falle allein die Rentabilität, das Gleichgewicht zwischen aufzuwendender Arbeitsleistung und dem wahrscheinlichen Erfolg. Das ist das einzige Prinzip, das diese Jagd beherrschte, der jede sportliche Note fehlte. Solches Empfinden ist jung und bei primitiven Völkern nur dort ausgebildet, wo die Art der Bewaffnung dem Menschen schon eine gewisse sichere Herrschaft über die Mitwelt verliehen hat, die Not nicht mehr die unmittelbar treibende Kraft jeder jagdlichen Betätigung ist.

Die Jagd war die Lebensgrundlage der Lebensinhalt des paläolithischen Menschen. Sie war der Brennpunkt seiner gesamten Kultur.

Wie die aufgefundenen Stationen und ihr Fundmaterial erweisen, sind diese Menschen nicht seßhaft gewesen. An besonders günstigen Jagdstellen mögen sie länger verweilt sein, sie immer wieder aufgesucht haben, die überwiegende Menge der aufgedeckten Stationen aber deutet darauf hin, daß diese Menschen an einer Örtlichkeit sich nur vorübergehend aufgehalten haben, daß sie nomadisierend umherzogen. Ihre Lebensweise muß nach allem, was wir erschließen können, eine große Ähnlichkeit gehabt haben mit der der Buschmänner und was Ratzel (Völkerkunde I. S. 159) über diese sagt, möchte man fast wörtlich auf die Paläolithiker Europas übertragen: „Abhängig vom Wild, ist der Jäger genötigt, mit diesem seinen Aufenthalt zu wechseln. Er kann nur in kleinen Trupps zusammenleben, da größere Gemeinden das Wild verscheuchen, und da auf einem gewissen Raum immer nur wenige von der Jagd sich zu nähren vermögen. Es wirkt dieses Leben ungünstig auf die Volksvermehrung, indem die schwangeren Frauen und die Kinder alle Strapazen ihrer Männer mitzumachen haben, und die notwendige Ruhe und Pflege fast vollständig entbehren müssen. Es fehlt also ganz jene Bedingung eines ruhigen, zu dauerhaften Kulturerwerbungen befähigenden Daseins, welche in der Zuzammenschließung einer größeren Anzahl von Menschen zu wenn auch noch so lockeren Gemeinden oder Stammesverbänden, gegeben ist".

Groß kann unter solchen Umständen der Bestand der materiellen Kultur der Paläolithiker — die Feuerstein- und Knochen- und Geweihgeräte können selbstverständlich nur als ein kleiner Teil derselben aufgefaßt werden — nicht gewesen sein, keinesfalls vergleichbar mit dem, über das in der Gegenwart primitive, aber seßhafte Stämme verfügen. Hausgerät, überhaupt alle wegen zu beträchtlicher Größe oder zu großer Zerbrechlichkeit nur schwer zu transportierenden Gerätschaften dürften sie, wie die Buschmänner heutigen Tages, nicht besessen haben. Selbst die aus Stein gefertigten Artefakte, die Werkzeuge zur Herstellung aller ihrer aus vergänglichem Material bestehenden Gerätschaften — und dasselbe gilt für viele Knochenartefakte — haben nur in sehr bescheidenem Maße zum dauernden, d. h. auch auf den Wanderzügen mitgeführten Besitz gehört. Ihr häufiges Vorkommen an fast allen ausgegrabenen Lagerstellen der Paläolithiker, ihr Liegenlassen also von seiten dieser Menschen neben den wertlosen Resten der Beutetiere beweist. daß sie keinesfalls zum besonders geachteten wertvollen Besitz gehörten, daß sie vielmehr stets — es gibt wenige Ausnahmen, wo diese Menschen ihre Artefakte aus ortsfremdem, also mitgebrachtem Material fertigten — ad hoc, neu gefertigt und nach Gebrauch weggeworfen wurden. Diese Geringachtung des Artefakthandwerkzeugs durch den Paläolithiker wird den nicht wundern, der weiß, wie unglaublich schnell Angehörige heutiger primitiver Stämme aus geeigneten Steinen sich Werkzeuge und Waffenspitzen herstellen können, sogar in Stücken, die uns als sehr kunstvoll gearbeitet erscheinen. Die Artefakte waren, soweit sie nicht als Spitzen für Waffen dienten, in hohem Maße nur gelegentlicher Besitz, der im Bedarfsfall stets neu geschaffen wurde.

Waffen, Schmuck und zum Teil das Kleingerät der Frauen, letzteres wohl erst in jungpaläolithischer Zeit, haben im wesentlichen den dauernden Besitz ausgemacht. Eine Kleidung im eigentlichen Sinne, die ja bei manchen heutigen Nomaden der gemäßigten und kalten Zone einen beträchtlichen Teil des Dauerbesitzes darstellt, hat es in altpaläolithischen Zeiten höchstwahrscheinlich nicht gegeben, und es fehlt auch in den jungpaläolithischen Skulpturen und Gravierungen und auf den Höhlenbildern, soweit sie sicher diluvial sind, jedes Anzeichen dafür. Aber die ersten Anfänge der Kleidung, größere Schmuckgegenstände, insbesondere aus Tierfellen gefertigte, werden schon vorhanden gewesen sein. Sicher im Jungpaläolithikum, wo zum Teil sehr fein gearbeitete Knochennadeln nur zum Nähen von Fellen und Leder zwecks Herstellung von Schmuckgegenständen, vielleicht schon einer größere Teile des Körpers deckenden Kleidung, und möglicherweise zur Herstellung bestimmter Waffen oder Waffenteile (Lasso, Bola) gedient haben können. Die Verwendung des Felles der Beutetiere läßt sich außerdem für Jung- und Altpaläolithikum aus manchem paläobiologischen Befund sehr wahrscheinlich machen. Dupont[24]) hat an dem Knochenmaterial vom Diluvialmenschen erbeuteter Pferde in belgischen Höhlen, Studer l. c. Anm. 10 am Pferdematerial der

[24]) M. E. Dupont, Les temps préhistoriques en Belgique. Paris 1872.

Magdalénienschicht am Schweizersbild festgestellt, daß Wirbel Rippen und große Extremitätenknochen recht selten, Schädel- und Gebißreste und die unteren Teile der Extremitäten dagegen zahlreich vertreten sind. Studer schloß daraus mit Recht, daß die Tiere fern vom Lagerplatz erlegt und zerstückt worden sind und „häufig nur das Fell, in dem noch Schädel und Fußknochen hingen, zur Höhle gebracht" wurden. Ebenso sind nach Ausweis des gefundenen Knochenmaterials die Altpaläolithiker von Taubach mit dem braunen Bären verfahren. Im Fell, in dem Schädel und Pratzen noch hingen, wurden wohl die besten Fleischstücke zur Lagerstätte getragen. Ich möchte gleichzeitig daraus schließen, daß auch das Fell selbst schon eine Verwendung gefunden hat, und es ist im Vergleich mit heutigen primitiven Rassen naheliegend, an eine Verwertung zu Schmucktrachten zu denken. Damit erschöpft sich das, was wir den Paläolithikern als dauernden Besitz zusprechen können. Die Grundlage ihrer Existenz war die Jagd, die Voraussetzung ihrer Jagd, die bis ins Jungpaläolithikum hinein ein auch für sie meist gefährlicher Kampf war und unter der ständigen Drohung einer raubtierreichen Umwelt stand, war eine möglichst große Bewegungsfreiheit, ein möglichstes Ungehindertsein zu jeder Zeit. Es ist natürlich, daß eine solche Jagd, auf der die ganze Lebenshaltung dieser Menschen bis ins jüngste Paläolithikum hinein aufgebaut war, und ihre Erfordernisse einer höheren kulturellen Entwicklung dieser Stämme bestimmte Grenzen gezogen haben, die, wie die Entdeckungen Hausers in Frankreich zu erweisen scheinen — Hauser fand eine paläolithische Kultstätte — nur an wenigen, eine dauernde Siedelung begünstigenden Örtlichkeiten überschritten worden sein mögen.

Was aus dem jungdiluvialen Jäger nach der letzten Eiszeit geworden ist — die Jäger des Azilien, der jüngsten noch dem Paläolithikum zugewiesenen Kulturstufe, die unter einer der germanischen (zu Tacitus Zeiten) fast vollständig entsprechenden Tierwelt jagten, sind hier, wo die Menschen des Eiszeitalters im Vordergrund des Interesses stehen, nicht mit berücksichtigt worden — entzieht sich vorerst noch einer sicheren Beurteilung. Vielleicht sind sie erloschen, vielleicht aufgegangen in neuen, wahrscheinlich von Osten einströmenden Rassen, mit deren Erscheinen in Europa eine neue, mit den letzten Phasen des Paläolithikums genetisch nicht verknüpfte Epoche, die jüngere Steinzeit, das Neolithikum einsetzt: Das Zeitalter der Jagd ist in Europa durch das Zeitalter des Ackerbaus abgelöst.

Zeitfracht Medien GmbH
Ferdinand-Jühlke-Straße 7
99095 Erfurt, Deutschland
produktsicherheit@kolibri360.de